U0839712

谨以此书献给一个古老的民族，一个新奇的传说。

天仙妹妹

艺林 著

东方出版社

目 录

一个值得永远去圆的梦

每个人都有梦想。不断实现梦想，能让人生更有意义和价值，因为有梦的日子总是让人充实、努力、满怀激情。而梦幻般美丽的高原瑰宝阿坝，我想应该成为每位爱美朋友的梦想之旅。

阿坝州在四川省的西北部，地处青藏高原的东南边缘，是横断山脉北端与川西北高山峡谷的结合部。它的东南部为高山峡谷，中部是山原区，西北部是高原。这里不仅山高，水系也非常发达。长江上游的主要支流岷江、大渡河纵贯全境，这里也是黄河上游的重要水源地，是黄河流经四川的唯一地区，因而有“黄河第一弯”之称。那里群峰巍峨、林木葱茏、河流环绕、景色壮丽——阿坝的美丽几乎得天独厚。且不说阿坝有着久远的历史沿革，独特的藏、羌民族风情、神秘的藏传佛教等等文化古迹，仅就享誉中外的世界自然遗产九寨沟，以彩池、雪山、峡谷和森林“四绝”著称于世的黄龙，大熊猫的故乡卧龙自然保护区以及马尔康卓克基土司官寨，红军长征留下的众多革命遗迹等，就足够吸引人们的目光了。独自驾车旅游的网友“老浪”，就是在探寻阿坝美景的时候，发现了羌族女孩尔玛依娜，并把尔玛依娜的图片发在网上，引发了数十万网友的关注和喜爱，才使得被大家称为“天仙妹妹”的尔玛依娜成为网络红人，也才有了今天放在我案头的这样一本书。

书中介绍了尔玛依娜成名的经过，也介绍了这个羌族女孩的成长经历和思想性格，而且从头至尾穿插的美图美文，给我们带来了一种轻松惬意的阅读。看得出，作者举重若轻，颇费心思。其实尔玛依娜仅是阿坝州理县的一个普通女孩，或者可以说，在阿坝州8.42万平方公里的土地上，像尔玛依娜这样纯洁、美丽、勇敢、善良的美女帅男还有很多很多。踏进阿坝州的山山水水，相信读者将获得比阅读本书更美好的感受和更迷人的发现。

使我感到有些欣慰的是，作为一本小型的人物传记，作者固然讲述了天仙妹妹的人生经历，让我们了解了这个朴实的羌族女孩，同时也对她生长的地方，对阿坝州的风土人情做了介绍，对羌族的历史文化也进行了一定的展示，这很有意义。因为在汶川大地震中，阿坝州遭受了极大的损失。北川、汶川，以及尔玛依娜的家乡理县，都是汶川大地震的重灾区。同时，由于阿坝州还是四川省第二大藏民居住区和我国羌族的主要聚居区，地震对民族文化的破坏也是惨重的。作者从宣传少数民族文化的立场考虑，不仅写了人，还写了“物”——即把阿坝风光、羌族历史文化也带进书中，这便使得我们在轻松中读出了厚重感。这是本书的一个特色，也反映了作者作为一名文化记者的眼光。

我以为，举世闻名的美景和积淀久远的藏羌文化，不仅造就了尔玛依娜，也造就了少数民族文化的独特魅力。尽管羌族文化经历了这次灾难的洗礼，但在党和国家及社会各界的支持下，她会很快修复和传承自己的文化，并永远无惧岁月，历久弥新，期待着每一位寻梦者的脚步。

2009年春

你如梦的幻境
彻底干扰了我的行程
蓝灰色的透明的手指
抚平了岁月的伤痛
林下溪水
山间长风
千百年的寂静
书写了恒久的深情
这是出神话的地方吧
这是出仙女的地方吧
拨开薄雪的涟漪
怀着喜悦前行
心中慢慢点亮的
是一盏越冬的灯

天仙妹妹尔玛依娜

楔子

一个秋天的童话

3年前，一个羌族少女——天仙妹妹，以其纯天然、原生态的美，赢得了网友的掌声，并成为网络热点。之后，天仙妹妹走出了深山，登台做客各大综艺节目，代言了许多商业品牌并杀入影视圈，已经主演了《香巴拉信使》《尔玛的婚礼》《回家》《绝密1950》等两部电影以及一部6集和40集的电视连续剧。

时过境迁，当年的清纯少女如今已换下那标志性的少数民族服饰，而多以时尚装扮亮相。天仙妹妹的转型让当年喜爱她的网友们感到有些失落，人们依然怀念那个不加任何人工雕琢和修饰的纯自然羌族美女，那才是人们记忆中真正的"天仙妹妹"。那么，已经坠入凡间的天仙妹妹，还是那个纯洁善良、惹人怜爱的好姑娘么？还是那样青春却不轻佻、艳丽却不失庄严、水晶般剔透、羞怯恬静又缥缈空灵么？还是那个回眸一笑即倾倒众生的、从羌寨中走来的"天仙般的妹妹"么？我想这可能是很多人，尤其是上千万的"纳米"们共同关心的问题。

为了回答这个问题，我想还是应该把故事从头说起。

就在那个秋天，忽然有个叫做"天仙妹妹"的少女，强烈吸引了人们的眼球。在网络搜索引擎上键入"天仙妹妹"几个字，就有近百万条符合要求的查询结果；在某网站的汽车论坛里，一个自驾车旅友的手记，在没有加精、置顶的情况下，帖子点击数超过了10万，占据着论坛人气排行榜前列。于是这位清水出芙蓉般的羌族少女，一时间被网友们惊为天人。她的出现，不仅创造了一个网络上的美丽

童话，甚至创造了一个动人的、新的眼球经济模式。

天仙妹妹的名字叫尔玛依娜。发现她的网友杨先生是一个旅居瑞士的四川人，网名叫“浪迹天涯何处家”，在网上被尊称为“老浪”或“浪兄”。“浪兄”酷爱旅游，在独自驾车经过四川理县的一个羌寨时与尔玛依娜邂逅。据说，浪兄在遭遇天仙妹妹时“恍惚觉得自己看见的是一个神女，那种天然去雕饰的美，让人窒息。”接下来的两个月时间里，他四进理县，追踪拍摄尔玛依娜的日常生活和羌族风情，并把每张照片配上文字发表在自己常去的论坛里。网友们反响热烈，人们几乎不能相信这个秀丽、端庄、干净、文雅的女孩生在偏远的羌寨，数以万计的留言表达了对美丽可爱自然的尔玛依娜的强烈喜爱。几乎一夜之间，近 2000 万“纳米”（天仙妹妹的粉丝自称纳米）在为她疯狂，有 3.4 亿人能够脱口说出“天仙妹妹”的名字……网络造星的奇迹由此而生。

那么，天仙妹妹有着怎样的过去？她究竟是怎样的一个女孩？

为此，我对尔玛依娜进行了长时间的采访，和她谈生活、谈理想、谈事业，以及深远的家世、有趣的童年、未来的遥想、美丽的憧憬……当然谈得最多的，还是她目前正在进行的工作。在了解了很多以后，我写出了下面的文字。因为我愿意让大家认识一个真实的尔玛依娜，因为这个小姑娘的淳朴真实的生活，带给了我们喜悦和思考……

第一章

一尘不染 深山雪莲

这张照片，对很多人来说都非常亲切也非常经典：这是天仙妹妹在网络上的最初风姿，是随着“老浪”的帖子发到某网站汽车论坛上的，于是，一位清水出芙蓉般的羌族女孩，从此为天下人所识。

网友“浪迹天涯何处家”，因为发现天仙妹妹而成名网络，大家都叫他“老浪”。这里不妨回顾一下他的第一帖，因为这个帖子真实记录了他开车入藏的动机，这也是他发现天仙妹妹的旅程。

周五晚，本坛西南车友会终身名誉书记“小绍兴”电邀饭局，为北京网友“沱湖人家”接风，与“川菜”伉俪、“玖玖四”伉俪相聚甚欢。席间“玖玖四”大吹他的川藏单兵行，听者无不为之动容！苍天啊，我还呆在城里干什么？鄙浪顿起西行藏区之意。什么盛夏雨季塌方堵车、治安不靖（群警执枪追击抢车犯）、气候无常等等，抛脑后去吧，我要去，暂别都市的喧嚣，散散心也好，谁也别拦我，谁拦我和谁过不去！当晚又约“小火锅”，答曰：巨忙……周六只好单车出行了，实在没想到，此行途中刚进阿坝藏羌族自治州米亚罗境内，即遇天仙般村姑，鄙浪立生追踪拍摄之狼子野心！

看来人在都市生活久了，多少会被繁华和喧嚣异化。都市生活是热闹的，但同时也是冷漠的，它造成了人与人之间的隔膜，把人的心禁锢并变硬。所以都市人向往乡村，怀念人与大自然的亲密相处，实际上是怀念自然和单纯的人，这几乎就是我们频繁冲向田野的原因。老浪也是如此。可以这样说，天仙妹妹犹如一朵纤尘不染的深山雪莲，打动了这位中年男子的心，因为同样的原因，她也打动了万千网友的心。由此，这位羌族姑娘开始了她的另一种人生旅程。

她从此开始了另一种人生旅程

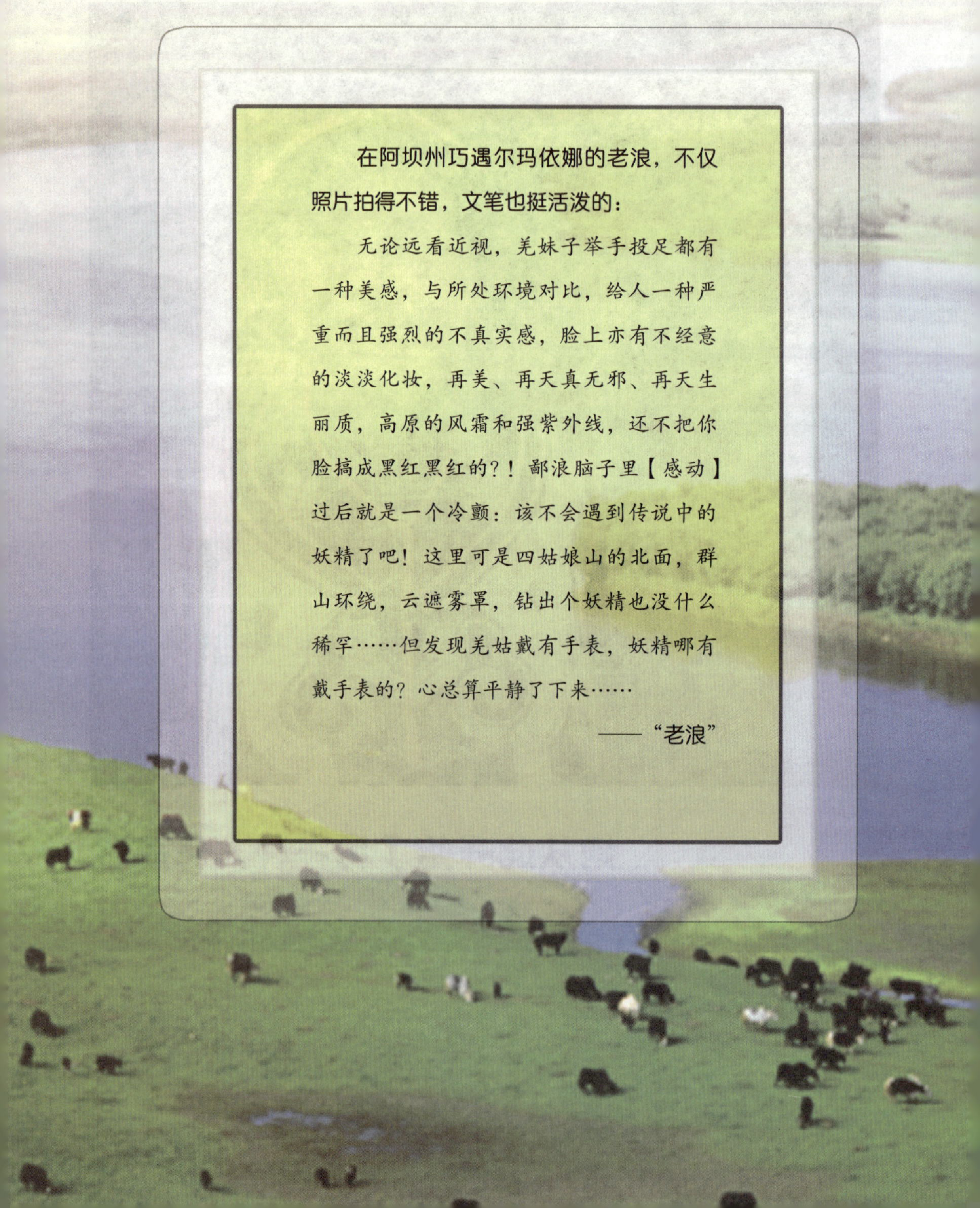

在阿坝州巧遇尔玛依娜的老浪，不仅照片拍得不错，文笔也挺活泼的：

无论远看近视，羌妹子举手投足都有一种美感，与所处环境对比，给人一种严重而且强烈的不真实感，脸上亦有不经意的淡淡化妆，再美、再天真无邪、再天生丽质，高原的风霜和强紫外线，还不把你脸搞成黑红黑红的？！鄙浪脑子里【感动】过后就是一个冷颤：该不会遇到传说中的妖精了吧！这里可是四姑娘山的北面，群山环绕，云遮雾罩，钻出个妖精也没什么稀罕……但发现羌姑戴有手表，妖精哪有戴手表的？心总算平静了下来……

——“老浪”

“老浪”的拍摄，说到底是为了猎奇，但天仙妹妹的出现，改变了他行动的轨迹。他说：我不配当作家，也不配当摄影家，但是命运已经把我带到这条路上来了。因为妹妹的独特身世，让她有了灵秀脱俗的形象和举止，同时也遭遇了许多网友的质疑，有人认为她根本不是什么羌族少女，而是老浪带去的城里妹子，是故意制造噱头在网上争夺眼球的。用现在的话说，整个一假新闻！老浪受到了巨大打击。但他并没有罢手，而是在两个月中四进羌寨，终于摸清了这个羌妹的“底细”。当然这是后话。

事实上，网友们可能忽略的情况是，在尔玛依娜的家乡阿坝州，在那风光秀丽的黄龙、九寨，出现这样的美丽女子其实不足为奇。羌妹自己就说，在我们的寨子里，比我漂亮的女孩还多着呢！

2006 年代言索尼爱立信手机

九寨沟离羌妹的家很近，不过数十公里。九寨沟因沟内有9个藏族村寨而得名。它既是自然保护区，又是国家级风景名胜区，同时，被列入世界人类自然遗产名录。

画面上的这棵枫树，曾是九寨沟的美丽标志之一。但不幸的是，她在汶川大地震中罹难，此图已为绝照。

充满民族特色的黄龙庙会

九寨沟与黄龙风景区是“近邻”，黄龙以彩池、雪山、峡谷、森林“四绝”著称于世。黄龙的泉水中含有大量沉淀的钙，钙华呈黄色，池水是蓝色，合起来就成了深浅不一的绿色。一条山沟里全是一片片的彩池，抬头望去，好像一条巨龙披着彩色的鳞片，绚丽而壮观……

天仙妹妹曾经在这里表演过舞蹈，她的表演也和这里的青山绿水一样清新。

现在，当年的那个小女孩已经长大。她不仅活跃在许多电视节目中，还参加各种活动，为产品代言，踏上了一条因网络而开辟的明星路。让人欣慰的是，她不做作、不卖弄、不恶搞，而是以善良、纯朴、不加人工雕琢和修饰的自然美丽一直打动着人们的心。在这个意义上，她超过了一般的网络红人。

许多人都这样对我说，不管尔玛依娜拍了多少影视，她仍是记忆中那个天真可爱的“天仙妹妹”，可见来自网络的力量影响是深远的。正因为如此，随之产生了一个新兴的职业。这就是懂得和善于运作网络的人。他们现在的称呼比较芜杂，有叫网络推手、网络推客，又有叫网络策划师等等，像老浪就曾经自诩为“网络第一推手”。网上推广并成就某种人物或话题，已经是一种商业运作的模式，成为坊间的时尚。可以说，任何网络红人都离不开网络推手，他们让现实中的普通人以极快的速度红遍网络，而把普通人在网络上炒红，只是网络推手工作的一部分，更多网站都注重推手的工作，是因为要利用他们对企业和产品进行推广。必须承认，网络的强大功用，还没有真正为官方重视和充分利用。这也是天仙妹妹们给我们带来的另一种思考。

这个问题，后面还会谈到。现在，还是让我们看看“天仙”是怎样长成的吧。

有一种美丽
震颤了心灵
有一种朴素
倾倒了众生
被荡涤的是灵魂
被清洗的是眼睛
在你绽放的季节里
仿佛蓝莲花也经历了重生

先要把时光的指针拨回到公元前四世纪。

岷江上游，重叠的群山和清澈的江水之间，活跃着一些矫健的身影——羌族，一个有着“民族活化石”之称的中国少数民族，就在这里汲天地之精华，与山水共生息。

这是一个非常古老的民族，当地有“羌老于汉”的说法。现有约30万人，主要聚居在四川省阿坝藏族羌族自治州的茂县，其余散居在该州的汶川、理、黑水、松潘等县及甘孜藏族自治州的丹巴县、绵阳市的北川等县，贵州省的石阡县和江口县等地。

你知道羌语中

“尔玛依娜”的意思么？

“尔玛”就是羌语中“羌”字的意思，羌族人自称“尔玛”或“尔咩”，意思是“本地人”。“依娜”就是“跳舞的姑娘”。“尔玛依娜”因此可以翻译成“跳舞的羌族姑娘”，对于她来说，这倒是个名副其实的称谓。

20多年前，尔玛依娜出生在四川省阿坝州理县的一个名叫薛城镇的羌寨里，父母都是当地的农民。小小的女娃，生下来就非常漂亮迷人，雪白的皮肤，茶色的眼睛，是寨子里出了名的“白娃娃”，而且怎么也晒不黑，和她周围脸色黑红的族人形成了巨大反差。这也难怪在她刚一走红网络的时候，身份遭到怀疑，甚至有人认为她是一个人为制造的网络骗局。当然，随着种种细节的验证，疑云渐渐扫清，还了她清白以及天生丽质的真相。

与其说她的美丽是生物学上基因变异的杰作，不如说她是上苍送来的礼物，是降落人间的精灵。

所以也就不难理解，为什么她的发现者、驾车自游的“老浪”一见她就惊为天人，按下快门……

所以也就不难理解，为什么她的照片一挂到网上，立刻引发点击狂潮，让网友们激动地称为“天仙妹妹”……

是的，尔玛依娜就是天仙妹妹。

她的清新、自然、恬静、空灵、纯美、亲善，难道不是天上的仙女或人们心中的精灵才具备的气质么？

她青春而不浮躁，艳丽而又沉静，岷江水般晶莹通透，青藏高原般秀美庄严，她在滚滚红尘中不追名逐利，在乱花纷飞里保持着一份纯真，她走进了人们深藏于心中的那一小块净土，如同一剂洗眼的灵丹，一曲净耳的仙乐，自自然然地拥有了万千宠爱、倾倒众生！

可是，这位在无数网民心中天仙般的女孩，果真像仙女一样不知人间疾苦、不食人间烟火吗？

当然不是。

显然不可能是。

她像所有的农家女一样，平凡地生活，辛苦地劳作，静静地长大……

在尔玛依娜的家乡，著名的黄龙彩池吸引了中外游客的目光。每年来此旅游的观光客有上千万人。

尔玛依娜出生的时候，家里已经有了三个孩子。她有一个姐姐和两个哥哥。父母都是农民，家境一般。

她的家在青藏高原东部的边缘，这里山高谷深，林茂水急，资源丰富，天宝物华。当然，幼小的尔玛依娜还不知道这些，她只知道家乡的山好大好大，逶迤苍茫的群山好像一直涌向天边，没有尽头；水好清好清，宽阔

尔玛依娜哥哥和姐姐的童年照

上小学时的尔玛依娜和大哥、二哥在一起

的河水沿着峡谷匆忙赶路，一会儿也不停歇。她也不知道山上有名贵的药材，还有金丝猴、大熊猫等国宝级的动物。她只知道，爸爸妈妈一早起来就干活去了，照顾她的，不是比她大两岁的二哥，就是年迈的爷爷。

她是跟着哥哥上山打猪草，随着爷爷的羌笛，唱着古老的羌谣长大的……

每天日头一落，她就看见万物变幻，大山和树木不见了，高高的“邛笼”（雕楼，羌语）也不见了……全都隐没在黑色的神秘中去。她知道它们还是在那里，可是她不能看见它们，无论她怎样睁大眼睛……尔玛依娜似乎从小就相信神秘的事情，就像她本身也那么神秘。

“你相不相信有鬼神？”尔玛依娜问我。

我摇摇头。

“可是，寨子里是有许多神秘的事情的，该怎么解释？”她用她那茶色的眼睛看着我。

“我相信有神秘的事情，但我觉得不应该把它们笼统地称为鬼神。有许多事情无法解释，是说明……说明我们对世界的认识还很不够……”

我知道我可能说服不了尔玛依娜，因为尔玛依娜是羌族。羌族是信奉“万物有灵”的多神教，崇拜的神有三十种之多，所以尔玛依娜信鬼信神一点也不奇怪。

羌族的历史源远流长，却不大为人所知。很多人都不知道，这个古老的民族曾经有过辉煌的往昔。我国第一个王朝——夏朝，就是以羌族为主体建立起来的。中国最早的文字——甲骨文中，就有大量关于羌族活动的记载。有着数千多年历史的羌族非常古老。传说，炎帝神农氏就是我国农业的始祖，姜姓，乃羌人中最早转向农业生产的一支。而且，古羌人是大西北的最早开发者之一，也是夏朝的主要组成部分。在隋唐时，羌人进入藏北和川北。在元代，有不少将领都出身于勇武善战的羌族。鸦片战争中曾有羌族土屯兵赴广东、浙江抗敌。辛亥革命及红军长征，都曾经得到羌族人民的大力支持。解放战争中，羌族地区也有反抗国民党反动派的武装斗争，阿坝的许多地区也成为赫赫有名的革命老区。

在祖国西北的土地上，这个生生不息的古老民族，和神州大地相依相伴，为中华文明的形成和发展做出了巨大贡献，产生了像炎帝、大禹、姜维、元昊等一大批天之骄子。

漂亮的尔玛依娜，就是这些天骄的后代。

九寨沟的水是九寨沟的灵魂，因其清纯洁净、晶莹剔透、色彩丰富，故有“九寨沟归来不看水”之说。

漂亮的天骄之后，生活却十分清苦。

尔玛依娜告诉我，小时候经常吃的饭叫“金裹银”。那是在米饭蒸熟了以后，把玉米面往里面搅，直至每个米粒都裹上了一层玉米粉，粒粒银白的米就像“镀”了一层金似的，大人们就管这饭叫“金裹银”。很形象是吧，但很不好吃。

“不嘛，我不想吃金裹银！”尔玛依娜有时会对妈妈撒娇。

“那你想吃什么？”妈妈问。

“我就想吃那个银，我不吃金！”

她只想吃白米饭，不想吃玉米面。那时她还是几岁大的孩子，怎么会喜欢吃硬硬的、粗糙的玉米面呢？和她同龄的城市孩子，大多已经是吃着麦当劳、肯德基，打着游戏机过日子啦。可这羌妹子，还不知道世界上有什么汉堡、薯条之类，她心里的最爱就是大米，玉米的口感粗拉拉的，肯定不被小姑娘接受。所以，她一到吃饭的时候，就缠着妈妈要吃白米饭，她心想：要是天天都吃“银”该多好啊！可是，她生活的地方是青藏高原，是川西北的偏远山区，大米比玉米贵好多，有些地方连大米的生长条件都没有。所以，尔玛依娜家不可能顿顿都吃白米饭，而且白米饭不经饿，如果不掺些玉米面，可能吃完午饭，挨不到晚饭全家人就都饿了。没办法，生活是无奈的，日子总得过。妈妈只能把玉米磨碎，尽量做成细一点的玉米面，掺到大米饭中作主食，还起了一个好听的名字“金裹银”。顿顿吃大米，在尔玛依娜家或许只是在过年过节才能实现的“梦想”。

可是，尔玛依娜毕竟是个小女孩，她还不懂事，怎么忍心让她吃不到想要吃的白米饭，让她小小年纪也饱尝生活的艰辛？于是，没有办法的妈妈，在每次吃饭时，更多是在尔玛依娜叫得凶的时候，就把浮在米粒上面的玉米面扒拉掉一些，尽量挑出些“干净”的、没有沾上玉米面的米饭给尔玛依娜吃，也算是最大限度地照顾了这个小小的馋丫头。

很多年以后，当尔玛依娜回忆起这个细节，并不觉得苦，反而感到童年的清苦生活是那么温馨。

尔玛依娜的父母都是一直过着苦日子的人。她的父亲，汉名叫余青云，很小就失去双亲，是“嫁”到尔玛依娜母亲家的。羌族的风俗，男“过门”到女家，也照样撑门立户。因而尔玛依娜的爷爷，实际上是她的姥爷。尔玛依娜对我说，她非常佩服自己的父亲。父亲从小独立，14 岁就会盖大屋，会把石头用得如同艺术，手艺巨棒。尔玛依娜很小的时候，就看见父亲背来一块块大石，给寨子里的人修屋。那长长的、重重的石头，和父亲被压得弯弯的腰，给她留下了深刻印象。后来改革开放后，余青云几乎就是靠搞建筑来谋生了。

有人说：“羌人的文化是写在石头上的。”此言不虚。一进入羌寨，触目所及，满眼石头。无论是碉楼、房屋、路面，还是堤堰、桥墩，都是用信手取来的石头砌成。羌人将石头的功用发挥到了极致，那种“垒石为室，高者十余丈”的邛笼建筑，更是羌族建筑的一个奇观。

羌族的民居多是石片砌成的，一般是平顶，呈方形，多数为 3 层。羌屋内的上层或中层作为住房，下层为牛圈、羊舍或堆放农具杂物，现在也有好多人把客厅设在一层，每间房屋的房顶四角或是一角，常常垒有一个小石塔，供奉一块或数块白色石头。这与羌人的崇教信仰有关，后面还会详述。

尔玛依娜记得，那时天已经很冷了，自己都缩在被窝里不愿起床，父亲却早早地就要走了。她看着爸爸收拾工具，叫道："爸爸，你干嘛去呀？"

余青云回过头，慈爱地拍了拍女儿的小脸蛋儿：

"你是一只小鸟，爸爸是一只大鸟，大鸟要给小鸟找食去呀！"

在尔玛依娜的印象里，爸爸总是这样早出晚归的。在她没有上学之前，能够见到爸爸的时候并不多。因为她还没有醒，爸爸就走了，等爸爸回来，她已经睡着了。有时到远处干活，爸爸还会好几天、好几个月不回来。

很多年以后尔玛依娜才明白，自己是一只多么需要呵护的小鸟，而爸爸又是一只多么辛苦和肩负沉甸甸生活担子的大鸟啊！

当然，辛苦劳作给余青云带来了收入，让他维持了这个家，但也带来了可怕的后果。不知从什么时候起，余青云髋部的骨膜被磨损了。他经常腿疼，走路变跛，得了一种比较难治的病：股骨头坏死。后来，正值壮年的他居然行动不便，要人照料了。

有人说过，要去九寨沟最好是秋天去，因为那个时候那里的色彩最丰富。看来此言不虚。

图为九寨沟浪漫的秋色

每天早晨，尔玛依娜都要转过两座山，才能到学校。

四川阿坝州一直是藏羌混杂居住的地方，那儿的孩子们从小都会说羌语、藏语和汉语。所以尔玛依娜的汉语非常好，她也会说藏语。七岁，当尔玛依娜到薛城镇小学上学的时候，事实上已经会写不少汉字了。

薛城镇小学离她家有两公里。妈妈看小女孩每天走那么远的山路，实在太辛苦，就给尔玛依娜买了一辆自行车。二四的，女式，有着漂亮的黄颜色。虽然只是辆普通的小车，但毕竟是那个年代，又是在不富裕的山区，尔玛依娜宝贝得不得了。二哥呢？就骑那辆旧的二八男车。兄妹俩相伴着骑车上学。

但是，二哥也喜欢那辆新的小巧的自行车，竟想和妹妹换骑。妈妈呵斥他：“妹妹那么小，怎么能骑大车？”当着妈妈，他当然不敢怎么样，假装乖乖地让着妹妹，陪着妹妹吃了早饭，骑车出门。

妈妈也一直站在家门口目送他们上学。

可是，刚刚转过山脚，脱离了妈妈的视线，二哥就“凶相毕露”了。

他迅速地用拐把别住妹妹，说：“下来！”

尔玛依娜只好停下，“你干嘛？”

“你骑这个！”二哥不容分说，把大二八车扔给妹妹，自己抢过那漂亮的

小车。然后，得意洋洋地骑上就跑。

尔玛依娜没有妈妈撑腰，知道是斗不过二哥的，哪里敢恋战？只好骑起大车，赶紧去追二哥。她腿不够长，就掏在横梁下，一个整轮是绝对转不了的，只能就这么半轮半轮地搊到学校。

而且，放学时也是二哥先骑小车，直到快到家才跟她换过来，还要威胁她不准告诉妈妈。尔玛依娜只有乖乖点头。

唉，就算妈妈知道了也没有办法，她总不能一直跟到学校吧？

童年的尔玛依娜和她的二哥关系最好

天仙妹妹的帖子在网上走红后，人们对她的喜爱几乎到了狂热的程度，近百万的跟帖，千里迢迢寻来看望妹妹的更是不胜其数，也有网友认为她的肤色、举止和言谈，都不像一个土生土长的山里姑娘，还是“老浪”找到了天仙妹妹和二哥童年的合影，总算让这个女孩有了出处。虽然资料非常少，但那毕竟是她的真实童年。后来我问过尔玛依娜，你小时候的照片真的很少么？她告诉我说，小时候不知为什么，特别不爱照相，一照相就跑开了，所以留下的照片就那么几张。左图这张和二哥的合影，是她读二年级时在家乡的吊桥上照的，难得那天心情好，表情还算不错。

其实，尔玛依娜虽然饱受二哥“欺负”，但却和二哥的感情最好。在学校，二哥可是尔玛依娜的靠山。有二哥在，学校里的坏小子，任谁都不敢对尔玛依娜怎样。关键时刻有人撑腰啊！小时候在外人面前，二哥永远是护着尔玛依娜的。所以，他俩是“铁杆”。而且往往是好事一起做，坏事也一起干。

童年时的尔玛依娜

童年时的尔玛依娜和二哥

小学时代的尔玛依娜

尔玛依娜和同学在一起

记得那年，尔玛依娜已经二年级了。一天，二哥神秘地凑过来问：

“想不想吃鱼？”

“鱼？在哪里？”

二哥拉着尔玛依娜的手，悄悄潜入寨子里一个养鱼人家。

羌家的寨子一般都在岷江两岸，水源充沛，围了石堰就能养鱼。二哥拉着妹妹跑到这家的后院，指着一个黑乎乎的东西问：“知道这是什么？”“什么？”尔玛依娜紧张地反问，从二哥闪闪发光的眼神中，她预感到将有一件了不起的事情要发生了。

“炸药！我刚发现的，咱们来炸鱼！”

“那……能行么？”

“看我的！”

尔玛依娜至今都不知道，二哥是什么时候学会摆弄那些雷管、炸药的，而且

也不知道那家人家怎么就把炸药放在院里……反正是二哥点了点火，就扔到水里，只听“轰”的一声，水面上窜起老高的浪花，真是很刺激。

“哈哈！炸到啦！”小兄妹俩又跳又叫，开心极了。

等水花平静下去，俩人一看水面，全傻眼了。本打算炸几条鱼解解馋的，结果水面上浮了一层死鱼。这一炸，竟炸死了人家一百多斤鱼！等大人们赶来，爸妈拼命向人道歉，并帮着赶紧把死鱼捞出来，过了秤，说趁鲜拿到镇上帮忙卖掉的时候，尔玛依娜才知道这回是犯了大错了。

二哥吓得不敢吭声，让老爸一脚踹到地上。

“你鬼娃儿胆子不小哇！看我晚上怎么收拾你！”

等到兄妹俩在沉沉暮色中磨磨蹭蹭回到家里，一进门就看见父亲铁青的脸，俩人吓得低头想溜。

“站住！”

余青云一声断喝，俩孩子就戳那不敢动了。

余青云很疼爱孩子，但对孩子的教育却丁是丁，卯是卯。他不会姑息小孩子的任何一个错误，而且不管是有理由还是无意识，哪怕是最小的幺妹。结果可想而知，那天晚上，二哥和尔玛依娜都挨了爸爸的一顿暴揍。

阿坝洲头好景色
九曲黄河第一弯

爸爸曾给过二哥和尔玛依娜一个任务，每天上学前，都到爷爷的房门前大声说：

“爷爷早上好！我们上学去啦！”

当然爷爷也会在屋里回答：

“好啊，慢点走啊！”

久而久之，尔玛依娜和二哥每天向爷爷道早安就成了习惯。

爸爸说，爷爷年纪大了，每早孙子的问候好哩，是长寿的灵丹哩。

爷爷也对尔玛依娜特别好，他出去遛弯，总是牵着小孙女的手，给她讲先人的故事、古老的歌谣……什么羌人最早开发的大西北呀，在夏朝就有咱们的祖先啊，什么隋唐时入川入藏啊，羌人建了西夏国等等，尔玛依娜虽然似懂非懂，但也记住了许多历史知识。至于那些好听的羌歌，高亢的、缠绵的、美妙的，更是让尔玛依娜觉得乐趣无边。

她真想孝敬爷爷，经常天真地问：

“爷爷，等我长大了，挣钱了，我给你买好东西哦！”

“哦，郎奔儿就是乖（郎奔儿是尔玛依娜的小名）。”

“爷爷，你想要什么呢？”

“呵呵，”爷爷总是笑着抚摸着小尔玛依娜的头：“爷爷不要别的，你就给爷爷买点酥油就好啦。”

可是，爷爷没有等到尔玛依娜的酥油。

那一年，爷爷走路不慎跌了一跤，摔断了腿，就只能躺着和靠在床上，不能下地了。身

体也渐渐衰弱了下去。老人不比年轻人，年轻人要是腿摔坏了，在床上坐个百八十天的还肌肉萎缩呢。但年轻人肌肉萎缩，经过锻炼可以很快恢复，老人恢复就没那么容易了，也可能就永远起不来了。那天早上，尔玛依娜和二哥照例到爷爷门前喊：

“爷爷！我们上学去啦！”

可是，二人等了半天，没有听见爷爷像往常一样回答他们。

爷爷睡着了？他们于是又喊了一遍。

爷爷还是没有回答。

不对啊？爷爷从来早起，不会睡懒觉的。

兄妹俩飞快地跑到爸妈的房间：

“爸爸妈妈！我们叫爷爷，爷爷不答应！”

爸爸妈妈也往爷爷的房子跑，还没到门口，尔玛依娜就看见妈妈的眼泪已经流下来了……

爷爷就这样走了。

头天晚上，全家人还有说有笑地在爷爷屋里聊天，爷爷心情特别好，胃口也特别好，还吃了妈妈特意给他做的荷包蛋。妈妈还高兴地说，看这样子，爷爷要好了……没想到他老人家就在这天夜里飘然去了天国……

尔玛依娜说，爷爷没有吃到自己买的酥油，因为那个时候她根本没有钱。但是现在自己已经有能力给爷爷买酥油了，今年一定要到爷爷的坟上去，去看看爷爷，再给他老人家送去他爱吃的酥油。

1992年，尔玛依娜7岁的时候，家里买了一台19英寸的彩电。

这台电视机，把深山峡谷和大千世界联系起来了，小小女孩的心，就被多彩的生活一笔一笔地画上了美丽的图案。

她总是喜欢看电视。放学回来，做完作业，她就央求妈妈开电视。那时的电视机可是贵重的物件，小孩子不能随便动的。家里最多只是在晚上开一会，尔玛依娜还没看够，就被大人吼着睡觉去了。是啊，明天还上学呢，哪能老看电视？尔玛依娜不知道，那时候的山区，还不像现在用电这么方便，电费都是按农业用电收的，很贵呢。看电视对这个小少女来说，几乎成了一件奢侈的事情。甚至在不久前，我到她北京的寓所采访她的时候，刚刚落座，她就问我："看不看电视？"说完没等我同意，就"啪"的一声按下了遥控器。可见她把看电视当作了招待客人的一个程序。这多多少少让我看到了儿时她的影子，也看到了她和电视的缘分。

事实也正是如此。可以说，如果不是这台电视机，尔玛依娜就不会这样地爱好文艺，就不会学习跳舞，也可能就不是今天的天仙妹妹了。

尔玛依娜告诉我，真正被电视里的精彩画面打动，是在1995年夏天。那年她10岁。一天偶然在电视里看到了杨丽萍表演的舞蹈《雀之灵》。这个舞蹈非常美，杨丽萍的舞姿更是非常曼妙，尔玛依娜立刻被震撼、被吸引了。从那以后，电视上只要有舞蹈节目，就被她的目光锁定了，她会眼睛发亮，如痴如醉，随之抬手投足，加以模仿。

也是，羌族本来就是能歌善舞的民族，尔玛依娜的血液中原本就有歌舞的细胞和灵气，而这个小小的方方正正的电视，又让她看到了真正的舞蹈的精灵，她怎能不为之着迷呢?

因为迷上了舞蹈，尔玛依娜开始积极参加学校里的各种文艺活动，成了学校里的文艺骨干。

庆祝六一，她跳舞。

庆祝七一，她跳舞。

有时学校连八一也庆祝一下，还是让她跳舞。

她在年复一年的跳舞中渐渐长大。

而且，寨子里还保留着不少羌人的文化传统，逢年过节时候都要举行自己的活动和仪式，和众多的少数民族一样，那多半要通过歌舞来表现。羌族信奉万物有灵的原始宗教，图腾是白石和白羊，小孩子成年的仪式是头上扎起羊角，过“白羊节”。在每一个羌寨的活动中，尔玛依娜都可以和大人们一起尽情地跳舞。

尔玛依娜梦想着成为杨丽萍那样的舞蹈家。

可是她看着自己简单的舞姿，再回想杨丽萍的雀之灵那些飘逸复杂的动作，

感觉到了巨大差距。她知道要想跳好舞蹈，就必须走出大山，进入专门的舞蹈学校学习。她也知道成都就有舞蹈学校，还有北京、上海都有舞蹈学校，但是，需要好多钱哦。清贫的家庭怎么可能为她负担舞蹈学校高昂的学费呢？尔玛依娜把这件事情想了又想，终于没有向爸妈提出。懂事的她不忍心让父母为难，已经学会了隐忍自己的愿望。

1999 年 8 月的一天，尔玛依娜已经放了暑假，正在院子里帮妈妈铡猪草。有三个男人来到尔玛依娜家门口：

“尔玛依娜是住在这里吗？”

尔玛依娜心里纳闷，心想我也不认识他们，他们怎么知道我的名字？迟疑地说：“我就是。”

那几个人从头到脚地打量了她一番，说出了来意。原来，他们是前来选拔舞蹈演员的阿坝州歌舞艺术团的老师。他们去了薛城镇小学，学校的老师向他们推荐了尔玛依娜。阿坝州歌舞艺术团每年都要在各个寨子招收舞蹈演员，被选上的人就能接受正规的舞蹈培训。而且还不收费。

几个人让她跳了几个动作，又量她的身高、手臂和腿，有个叔叔说这个孩子太矮吧？另一个反驳说，她还小呢，还会长的！好像是个领头的叔叔，笑眯眯地问尔玛依娜：

“你愿不愿意去阿坝学跳舞呢？”

“愿意！愿意！”

尔玛依娜忙不迭地说。

是啊，这还用问么？尔玛依娜简直心花怒放！对于喜欢跳舞的她，对于想成为杨丽萍的她，这是一个多么好的机会啊！

高山海子的深秋，抒写着田园牧歌般的宁静和简朴。

1999年，她离开家乡，走进舞蹈。

1999年9月，四川阿坝州已经是秋高气爽。尔玛依娜告别了父母，来到了阿坝州歌舞艺术团，开始了她真正的舞蹈生涯。

其实从一开始她就知道，这还是不能说明她已经开始跳舞了，因为这只是一个为期一年的培训。这次从全州各地招来的有200个孩子，100名男孩，100名女孩，都是州歌舞团的叔叔阿姨，一个一个地从各个县市和学校中挑选出来的。尽管如此，最后也只有极少数好的才能被留下，成为专业的舞蹈演员，剩下的就得回家。尔玛依娜非常珍惜这次机会，练功十分认真刻苦。

应该说，对于这些十几岁的孩子来说，每天的训练十分辛苦。他们的日程通常这样安排：早上6点半起床，压腿抻腰活动身体；8点整开始正式的基本功训练；中午休息一个小时后，整个下午都是民族舞的练习；吃完晚饭后也不能休息，继续跳舞到晚上11点才能睡觉。

虽然以前经常跳舞，可这样持续高强度的专业训练，对尔玛依娜、对所有的孩子们都是个考验。跳舞讲的是肢体语言，当然对人的肢体要求极高。腿的柔软度、腰的柔韧度、脚下的弹跳力、肌肉的控制力……每个组合做下来，尔玛依娜都是大汗淋漓，练功服几乎没有一块干的地方，全身像洗了个澡一样。对于一个未成年的孩子来说，真是辛苦异常，但尔玛依娜总是能坚强地承受，这个女孩竟然有如此的耐力和毅力，是非常令人佩服的。

下午的舞蹈练习，照样丝毫不能马虎。民族舞讲究的是味道和神韵，藏羌舞大气深沉，蒙古舞热烈奔放，傣族舞秀丽柔软，佤族舞节奏明快，有的用手，有的用肩，有的是看脚上的功夫，有的是要腰部的韵味……累是累，但尔玛依娜喜欢这样的生活。她就像一条灵活的小鱼，融入了舞蹈的海洋，贪恋地学习着，飞快地成长着。她已经顾不上叹息苦和累，腰受伤了，贴点止痛的膏药，皮磕破了，就擦一点红药水……她心中有梦，而梦想的迷人色彩遮蔽了一切，美化了一切。

也奇怪，虽然天天都是很辛苦的，尔玛依娜居然还蹿个。那一年她一下子长高了十公分，到训练班结业的时候，她俨然已是亭亭玉立的少女。

尔玛依娜的舞跳得很令人满意。

艺术团最终从这一年参加培训的 200 个孩子中留下了 24 个，12 男 12 女，其中就有羌女尔玛依娜。尔玛依娜被分配到黄龙格桑拉艺术团做了舞蹈演员。这是一个小团，有十几个舞蹈演员和几个歌唱演员，每晚在九寨沟的沟口为游客演出一场歌舞晚会。但无论如何，她真的开始了舞蹈生涯，真的第一次靠跳舞挣工资了。

她多么高兴啊。尽管那时一场的演出费才 10 块钱，加上每个月的保底工资 400 元，不过是区区几百元，她还是很高兴，山里的娃儿是很容易知足的。她把这些钱几乎都给了妈妈补贴家用，自己却是节俭再节俭。

在九寨和黄龙，余红艳渐渐有了点名气。余红艳就是尔玛依娜的汉名。在羌寨中，每个人都有汉名，她的父亲不是就叫余青云么？因为羌族的特殊历史，他们中许多人懂汉语。羌族没有文字，长期通用汉文所以几乎每个人都有汉名。尔玛依娜上学的名字就叫余红艳，在歌舞团中，余红艳刚开始就是跳群舞，她扮相俊美，气质灵秀，跳起舞来眉目传情，很受观众喜爱。虽说辛苦一个月也挣不了多少钱，但尔玛依娜至少可以常回家看看了。这让她十分开心。

写到这，我发现我还是喜欢尔玛依娜这个名字，觉得它比余红艳好听，呵呵。以后的叙述中我还是叫她为尔玛依娜吧。

要知道，在艺术团培训的一年多时间里，尔玛依娜没有回过一次家。因为从艺术团所在地到家，要翻过海拔 4000 多米的鹧鸪山，需要十几块钱的路费。她知道自己不在，家里少了一个劳动力，父母收入更加微薄，她该尽量把钱寄回家去。团里是包吃包住的，每月有 300 元的补贴，她月月不落地全部汇给了妈妈，自然也就没有了回家的路费。而现在工作了，她可以有空就回家了。尔玛依娜是个恋家的女孩，一年没有回家简直让她想家都想疯了。

可是，回家了也不能久待。因为几乎每天晚上都有演出，团里要求外出的人一定当天归队。尔玛依娜每次回家都来去匆匆，在家里的时间最多不过三四个小时，但总比不能回家强多啦，还可以帮父母做点农活。

2002 年初的一天，尔玛依娜忽然接到家里的电话，是爸爸打来的。他告诉尔玛依娜说妈妈病了，可能是因为长期劳累，妈妈终于躺倒了。尔玛依娜的哥哥和姐姐这时已经到成都打工了，家里所有的农活和家务都是爸爸妈妈承担，爸爸要干活，没人能照顾生病的妈妈。

尔玛依娜听到这里，二话没说，当即就向团里的领导请了假，说要回家照顾妈妈。然而领导得知尔玛依娜要请假，不由得摇摇头说，是么？你要回去？太不巧啦！

“为什么呢？”尔玛依娜不解地问。

“中央民族学院的，过几天要到团里来挑人，我们正想通知你好好准备，挑上

了就能上大学了，可以进一步深造啦！”

尔玛依娜愣了。

山外有山天外有天。跳了两年的舞，尔玛依娜知道舞蹈还有更高大更雄伟的殿堂，她也为自己树立了更高更新的追求，而现在，一边是中央民族学院的招生可能为她打开的通往更高殿堂的通道，一边是生病的母亲。回去还是不回去？她

知道，只要她向爸爸说明情况，爸爸是一定可以理解她，可以让她不回家的。可是，尔玛依娜想到母亲正在病痛中挣扎，一种来自内心的疼痛使她毅然告假回家。她明白，和自己的梦想相比，更重要的是母亲。

回到家里，尔玛依娜天天忙着照顾母亲，忙着帮父亲干活，不知怎么就忙过了一天又一天。打草、喂猪、放羊、做饭……农家的日子总是忙忙乱乱，整天是干不完的活。她最初还有抓空练练舞蹈的想法，可是没几天她就发现，在家里练舞几乎是不可能的。就这样，一直到中央民族学院的老师来挑选学员的那天，她才匆匆赶回团里。一路奔波都没休息，尔玛依娜就参加了面试。结果，半个多月没怎么训练的她，动作有点生硬，胳膊腿都不到位，状态也调整得不好，结果当然可想而知。

尽管尔玛依娜已有心理准备，但是落选，还是让她心里充满了无尽的失落和委屈。毕竟是只有17岁的少女，别的女孩子可能还在爸爸妈妈面前撒娇呢，小小的尔玛依娜却承受着这样的压力。看着团领导遗憾的眼神，她有点受不了，就躲到洗手间，偷偷地掉眼泪。很要面子的她，不愿意让别人看到自己的软弱。突然，她听到前来招生的两个民族学院的老师在议论这次考试，他们对她印象很好，还说："今后这个团里要真出什么人才，那只能是尔玛依娜，是块不错的料子。可惜这次没准备好……"

这话对小姑娘的鼓励太大了。从那以后，尔玛依娜更加刻苦地投入到了训练和表演中去。别人练一个小时，她就练两个小时；别人会因为观众少就应付，她却力争让每一次表演都有所进步。她就是这样的孩子，相信付出就会有回报，努力就会有成功。她把每流一滴汗水，都看做自己的一点进步，都看做是自己离北京、离世界、离梦想更近了一步。

写到这里，我想起了一句老话，"梅花香自苦寒来"。但尔玛依娜这朵"梅花"，可能还没有完全度过她的"苦寒"吧——2002年7月，艺术团因为经济问题被迫解散，尔玛依娜的梦想再度破灭，回乡务农。

尔玛依娜在九寨沟和黄龙景区都跳过舞。她非常喜欢这两个美丽的旅游景点。

黄龙的美和九寨沟又有不同。黄龙最迷人的特点是成百上千个千姿百态、斑斓夺目的钙华彩池。又因为黄龙位于松潘县内众多雪峰和中国最东部的冰川组成的山谷，所以在这里，人们可以找到高山景观和各种不同的森林生态系，以及壮观的石灰岩构造、瀑布和温泉。黄龙的主景区就在岷山主峰雪宝顶下，中有彩池、雪山、峡谷、森林的“四绝”，而且是中国唯一保护完好的高原湿地。许多濒临灭绝的动物，包括大熊猫和四川疣鼻金丝猴，都在黄龙得以繁衍。

但是，由于舞蹈团的解散，尔玛依娜不得不离开天天相伴的黄龙，回到羌寨。

最初的日子是悠闲的。

每天做做农活，和父母聊聊天，其情依依其乐融融。周围和她差不多大的女孩，都忙着相亲、恋爱，山里女娃都是早早地结婚、生子，然后安心地在大山里终老。这是一条普通又顺畅的道路。尔玛依娜要是愿意，也可以按这个样子拷贝自己的人生了。

可是尔玛依娜心有不甘。她总觉得生活中少了点什么。

我要跳舞！她对自己说，我不要过这样的生活，这不是我要的生活。再说，父母一天天地衰老了，靠在山里凭力气干活，显然已经不是上策，那是赚不出父母的养老钱的。从这一点说，她也应该走出大山，到外面闯闯世界。况且她还有一技之长，况且她还有那么丰富的表演经验。尔玛依娜终于下定决心，在2002年的11月南下成都。打算凭跳舞赚钱。但她成都话讲不好，讲羌语人家也不懂，讲普通话有时也无法沟通，常常被人嘲笑，有几次几乎因为找不到路而误场了，急得尔玛依娜真想坐在地上大哭一场。

更可气的是，刚刚从山里来的尔玛依娜，没有社会经验，常遇骗局。有一次，一个饭店开业，要连续三天搞庆典活动，请她去跳舞。第一天去时，主持人对她说，这一次算试场子，没有报酬；第二天演出结束后，主持人又说演员太少了，让她帮帮忙，第三天再结账；到了第三天，等她跳完舞下来后，主持人却不见了踪影。她找到饭店，人家却告诉她，他们早就把所有的演出报酬都交给了主持人，由他转交各位演员。原来这个主持人卷款跑了。尔玛依娜3天的演出费用，一共150元就这么泡汤了。当然对很多人来说这不算什么，可对每天把吃饭的开支都控制在五六元内、想赚更多钱接济家里的尔玛依娜来说，真是太痛心了。她慢慢地骑着自行车，默默地流着眼泪回到住处。唉，除了哭还能怎么样呢？一个无依无靠的小女孩，在一个陌生的大城市受了欺负，除了流眼泪，还能怎么办？

更可怕的，是来自繁华都市的诱惑。

跑场子的地方都是酒店，那里满是灯红酒绿，各色人等。尔玛依娜又是那么清纯漂亮，引人注目，有人欣赏她，也有人居心叵测。经常有客人要求她敬酒，甚至灌她酒，她表演时在台下吹口哨，有人还色迷迷地要和她“交朋友”……这对年轻的羌妹不能不说是种考验。

甚至有一次，在她回家的时候，一辆奔驰轿车别住她，车上的中年男子抬手就拿出厚厚的钞票递给她，说：“我很喜欢看你跳舞，想和你做个朋友。这是一万元钱，请笑纳。”她从来没有见过这么多钱，一时愣住了。那男人以为她动心了，便靠近她，趁把钱塞给她时动手动脚。尔玛依娜回过神来大声吼道：“我不稀罕你的臭钱，请你放尊重点！”说完便骑上单车跑开了。后来有人对她说：“你傻呀，一万元，要跳多少场舞啊！”但是尔玛依娜不是那种女孩子，她自尊自爱，洁身自好。她知道，她到成都跳舞，固然是为了挣钱，为了解除父母的经济困难，但她更知道舞蹈是神圣的，她认为只有内心纯洁的人，才配站在辉煌的舞台上优美地起舞。

自从看到你的眼神
我又回到了天真
我本已凝固的心田
你在上面开了扇门
于是风儿吹了
于是草儿绿了
虽然我还是要漂泊
但你让我间或拥有了
几许眷恋以及蓝天白云

金川县神仙包风光

大经幡

2003年4月8日，对尔玛依娜来说是个好日子。这一天她参加了一个面试，是成都的一家知名演艺公司招舞蹈演员。在招聘现场，尔玛依娜可以说是一舞搞定，这么多年的苦练和演艺生涯毕竟使她变得与众不同。演出公司的负责人立马

2003 年，尔玛依娜被成都某演出公司录用。

录取她，并和她签了录用合同。尔玛依娜放下了悬了半年的心。这是一家正规的演艺公司，自己终于再也不用担心被人欺负被人骗了。被演艺公司录用以后，尔玛依娜还是每个月只给自己留下最基本的生活费，其余的工资收入都寄回家里。因为公司提供工作服，她就再也没有为自己买过一件新衣服。十七八岁的花季，正是女孩子最爱美的年龄，可她却从不打扮自己，衣着永远朴素、永远素面朝天，永远吃最便宜的面条……

自从学舞蹈开始，尔玛依娜就比同龄人吃的苦要多。尤其对基本功，她练得相当刻苦，当然提高也是最快的。尔玛依娜懂得，真正的跳舞和一般的表演是不一样的，那是一种身心交融、物我两忘的境界。无论跳得多好，无论别人评价多高，尔玛依娜总觉得自己是不够的，她心里有标准，她觉得自己还没有达到那个标准。

转眼到了 2004 年。

这一年，四川省有个影响较大的群众文化活动，就是四川省文化厅举办的群众声乐舞蹈比赛。四川省文化厅的这个活动，旨在丰富群众文化生活、繁荣群众文艺创作，是配合全国群众文化“群星奖”评奖活动的省级大赛。为了活动的群众性和有更多的人参与，四川省文化厅和各地的文化馆（站）都早早发了通知，尔玛依娜所在的演艺公司自然也知道了消息，也报了几个节目准备参选。其中就有尔玛依娜的独舞《藏羌玲鼓舞》。

《藏羌玲鼓舞》是一个在藏族和羌族舞蹈基础上创作的舞蹈，表现了一个高原女孩的快乐奔放的心情。尔玛依娜跳这个舞蹈的时候，就想到了自己在山上放羊的情景。尔玛依娜从小就会放羊，从跟着哥哥一起放到自己一个人放，最多的时

候她一个人能放一百多只羊。说实在的，我很难把一百多只的偌大羊群，和眼前的这个纤细的小女孩联系起来。她说她跳这个舞蹈，就想象自己挥舞着羊鞭，高喊着呼哨，从高高的山上跳跃着、奔跑着、顺坡而下……那种夸张的动作，那种畅快的心情，真是非舞蹈而不能表现。可以想象这个舞蹈很适合她，当然她也跳得很好。于是，在成都锦城艺术馆举行的这次比赛中，在四川省各地、市、州参赛的43件舞蹈创作作品和63件声乐创作作品中，评委们被尔玛依娜打动了。她的《藏羌铃鼓舞》在四川省群众声乐舞蹈比赛中获得了三等奖，同时受到了许多业内人士的好评。

我没有看过尔玛依娜跳的《藏羌

玲鼓舞》，但我可以这样认为，这个羌族女孩之所以获奖，恐怕不完全是由于她的舞蹈技巧，打动评委的肯定还有源自她羌族血液中的那种独特的表现力。后来，据发现羌妹的老浪说，他曾经看到过羌妹在大山中跳起她们本民族的拜白石头神舞，虽然没怎么看明白，但仍然很震惊。我想，这可能就是舞蹈的力量。真正的舞蹈是灵魂的起舞，那不是浮光掠影，不是动作和技巧，而是身心和意念的交融，是思想和情感从举手投足中喷薄而出，看这种发自内心的舞蹈，是很难不被打动的。

应该说，尔玛依娜获奖不是偶然的。显然，这个小姑娘已经越来越接近舞蹈，越来越了解舞蹈，也越来越懂得舞蹈的真谛了。

尔玛依娜的突出表现，使和她签约的公司喜上眉梢。他们很高兴没有看错人。公司决定把她的月工资涨到 1800 元，决心留住这个人才。这是苦孩子尔玛依娜第一次挣到“高工资”。她高兴极了，兴奋极了，她暗下决心，一定要好好工作，好好跳舞。因为她取得这样的成绩，不仅能让她接济家庭，赡养父母，而且她也依稀看见，那个美丽的梦想正摇曳着身姿向自己走来！

可是，她的命运注定要一波三折。

2005 年 5 月，就在她踌躇满志地准备向更高的目标努力时，家里传来消息说她的父亲得了重病，已经不能行动。而此时的哥哥和姐姐都在成都有了比较

2005年，她辞职回到了家乡。

稳定的工作，也有了自己的小家庭，难以抽身照顾父亲。显然由她回家照顾父亲是最方便的。当然，回家就意味着不能继续跳舞，可能还会彻底放弃舞蹈事业，尔玛依娜真是舍不得。经过了几番思量，孝顺的她还是决定回家去。尔玛依娜在公司领导的惋惜中、在同事们不解的目光中交了自己的辞职信。

尔玛依娜又回到了羌寨。

两年多没有回家孝敬父母，尔玛依娜格外勤快。在父母身边，她听话、体贴，让爸妈十分开心。只不过，余青云这时的股骨头坏死已经十分严重，家里又没有手术治疗的费用，只好先保守治疗。她给父亲端茶送药，帮妈妈干农活，把家里料理得井井有条。在有空的时候，她仍然对着镜子练舞。

她不能忘记跳舞……

不经意间，她走到了命运的拐点……

这件事情，尔玛依娜现在回忆起来都觉得不可思议。

尔玛依娜说，8月6日那天的天气很好，她正在自家院子的门前晒花椒。心里却想着，一会要到寨子里找一位本家伯伯，商量陪爸爸再到成都做一次检查——爸爸的病越来越重了，每动一下都非常痛苦。这时传来一阵引擎的声音。她抬首看见一辆汽车开来，停在了不远的地方，有个穿着挂着许多外兜的土色马甲、提着水壶的男人朝这边走来。

现在不像前几年了。人们生活的富裕、旅游业的发展，已经使越来越多的汽车和越来越多的游客出现在寨子里。没有人感到奇怪，见多不怪么。而且，尔玛依娜这时候正是满腹心事，几乎没有注意这个人。但那人却停在了自己身边：

“你是来旅游的吧？”他上下打量着自己。

“哪里，我就是这里的，这就是我的家。”

“是么？太好了，能不能给我一点水？”他晃了晃水壶。

“可以呀。”尔玛依娜就接过水壶去给他灌水。

没想到，那人要了水并不走，而是对尔玛依娜左右打量，说，“我能不能给你拍点照片？”

这些城里人！来到山里什么都觉得新鲜，什么都要拍照，拍山拍树拍房子，现在连人也觉得新鲜么？我不是和你长得一样的鼻子眼睛？但尔玛依娜到底是个宽厚善良的羌家姑娘，当然也知道自己长得不算丑，就爽快地说：“好吧。”并半开玩笑地补充道：“你能不能把照片寄给我呀？”而这时候妈妈也出来了，看着客人拿着那么大的相机给女儿照相，赶紧说："还不换件干净衣服！我看穿我们的民族衣服好看，快换好再照啊！"

于是，尔玛依娜的妈妈就从箱子里拿出那套海昌蓝的羌族服装，在屋里帮尔玛依娜穿上，还在她头上戴好羌族的方巾和蓝色丝线编织的发辫……

当然，这位客人就是"浪迹天涯何处家"，他的拍摄动机就是因为这个女孩"美得令人窒息"。兴奋的老浪，第二天就把尔玛依娜的照片发到了某网站的汽车论坛上，而且还配了文字说明。于是这个来自岷江上游的、以青山绿水为背景的羌族女孩的玉照，就赫然出现在千万网民的面前了……

让尔玛依娜更没有想到的是，网友们的反应会这样热烈。有人说："无论远观近看，这羌妹子举手投足都表现出一种美感。"有人说：她是"天仙般的妹妹"。这一称呼显然很合网友心愿，于是"天仙妹妹"的称谓不胫而走，甚至有许多网友都在网上彻夜守候，等着老浪上传天仙妹妹的新照片。而且，除了汽车论坛，其他网站也几乎都用显赫的位置刊登了她的照片，众多的点击和留言，在网上汇成了赞美的狂潮。

2005年8月，妹妹的帖子曝光于网上。

尔玛依娜一夜之间成为炙手可热的网络红人！

网络就是这样神奇，它能把一个小小的亮点放大数十数百倍，能让一朵在深山间静静开放的蓝莲花，瞬间就呈现在大众面前。羌妹和她那身极富特色的羌族

“好吧，你能不能把照片寄给我呀？”

衣服，真的如怒放的蓝莲花一般，生在深山无人识，一举成名天下知！

而当时的尔玛依娜，对此却完全不知情。

其实，在拍完照片以后，尔玛依娜几乎就把这件事淡忘了。她还要干农活，家里有这么多事情，她的生活并不轻松。而且她也没有电脑，她根本不知道自己已经成了天仙妹妹。直到老浪把她的巨幅照片贴到寨子里，在乡亲们中间引起了轰

动；直到老浪带来笔记本电脑，让她看到了网上的帖子。这时，她才感到惊讶！

而面对一夜成名，尔玛依娜却表现得非常平静。

她认为网上的热闹与己无关，她还是一个真真切切生活在现实里的她。“天仙妹妹”也好，“网络新偶像”也罢，在她看来只是虚名。她还是要面对生活，支撑家庭，还是要带着父亲到成都的医院做检查。父亲患病几个月来，已经花光了家里所有的积蓄，进一步治疗还需要花更多的钱。这是她的心事。许多网友都说，尔玛依娜的眼神里好像有一种淡淡的忧郁，这种感觉是对的。一个不到20岁的女孩，要想着出去挣钱，为父治病，她能够像那些衣食无忧的孩子们一样天真快乐么？

我们的天仙妹妹不是不食人间烟火的“天仙”，而是一个出生在偏僻贫穷的山村，却有着美丽梦想的真实女孩；是一个辛苦而坚定地追逐理想，却不得不一次又一次为亲情放弃机会的善良女孩；是一个背负着生活的重担，为了生计，为了

养家，品尝了许多的艰辛和痛苦，却永远不向命运低头的坚强女孩。

她为了琐碎的柴米油盐而烦恼，可她却拥有最纯洁的心。

她每天奔忙于各种世间俗事之中，可她却有着最为洁净和高贵的灵魂！

或许正因为如此，她才是真正的“天仙妹妹”。她仿佛是高山的溪流，天上的云霓，她因纯洁而成

了新世纪最为动人的传说，成为千千万万网友的梦想。许多人都这样说：把尔玛依娜叫做天仙妹妹，不仅是说她有美丽的容貌，出众的气质，而且更重要的，也是最让人感动的，是她拥有纯朴的思想和善良的内心。和其他网络红人相比，她从不搞怪，也不去哗众取宠，而是认真做人，真诚生活。因而她犹如一颗质朴无华的美玉，闪烁着格外动人的真、善、美的光芒。但她的光芒并不耀眼，她也不追求那种形式上的“耀眼”，她是内敛的，含蓄的，也正是由于这种含蓄的光芒，她把自己的形象，印在了无数追求美好的人们的心头。

尔玛依娜就像清澈河水中的一朵晶亮的浪花，闪现着羌族女孩的质朴、率真和可爱。

绝代有佳人
幽居在深谷
貌似天仙女
清丽出凡俗
颜色盖天下
美名传羌族
思君却不见
深山闻鹧鸪

神秘的天仙妹妹

姓名：尔玛依娜

生日：6月9日

星座：双子座

民族：羌族

籍贯：四川省阿坝州理县

爱好：跳舞、唱歌、游泳、自驾游

血型：B

喜欢的格言：一切随缘

喜欢的食品：西红柿

喜欢的颜色：蓝色和黑色

喜欢的书：《佛家妙论》

崇拜的人：爸爸

Story

第二章

天上人间仙女翩翩

在传说中
羌寨有千年不变的雪
和无法言说的神秘
你就是来自
这远古的厚厚的土地
你是否知道
你有着浩瀚的远昔

白云流转　经幡飘飞
水之精灵　舞之魂魄
你不经意间的回眸
把民族经典的容颜留住

从尔玛依娜的第一张照片发到网上开始，天仙妹妹的名字不胫而走，使她越来越得到网友的广泛关注。也就是从这个时候起，她也开始了自己完全不同以往的生活。她不再跳舞，不再放羊，不再卖苹果，而走上了和媒体对话、为企业代言、成为公众人物的道路。非常值得注意的是，在尔玛依娜走上明星道路的时候，并没有改变羌族女孩的质朴、率真和可爱。她踏入演艺圈，却没有沾染某些让人担心的“明星病”，譬如骄奢、浮华、装模作样等等，这让我感到非常难能可贵。在这一章，我想简单记录尔玛依娜成长过程中的一些故事，也祝愿她在未来的路上走得更好。

尔玛依娜成名后，她家乡的父母官首先“利用”了这颗新星，让她担任了理县的旅游形象大使。尔玛依娜痛快地答应了。为家乡服务，那还有什么二话？况且，家乡是多么美啊！

理县是一座高山峡谷中的小城，在青藏高原东南部，邛莱山脉东部边缘，这里海拔 1422 ~ 5922 米，可以说是群山连绵，峰峦重叠，高差悬殊，沟谷纵横。境内的米亚罗景区最负盛名。米亚罗，藏语意为“好耍的坝子”。古尔沟山泉，富含有 20 多种的微量元素。毕棚沟仙境是景区最精华的部分，融高原、山地、峡谷风光于一体。桃坪羌寨素有“东方古堡”之称，是目前世界上保存完整的村寨古堡建筑之一。但据说这座“古堡”没有逃脱汶川大地震的破坏，只是震后我还没有去过那里，不知道她变成什么样了。

当了旅游形象大使

2005年10月的一天，几辆小轿车，还有在寨子里很少出现的警车来到了尔玛依娜的家。尔玛依娜的妈妈胆子小，以为出了什么事情，对爸爸说："哎呀呀，还有警察，你快躲起来吧！"爸爸却不以为然："我又没事，心里没鬼哦，躲什么躲？"原来这是理县的领导来请尔玛依娜担任四川省阿坝藏羌自治州理县的旅游形象大使。因为县里主要领导都来了么，警车也来开道，所以吓人一跳。县里来车接她到离家40里的古尔沟温泉酒店，参加担任旅游形象大使的新闻发布会等活动。因为活动多，所以还要在酒店住一夜。上车后，妹妹突然问老浪："我们真的要住酒店么？""当然。"浪见回答。尔玛依娜睁大眼睛，悄悄靠在老浪耳边说："那个酒店很贵的，一晚要三、四百啊，你带钱了么？"老浪笑着说："县里领导请你去的啊，怎么会跟你要钱呢？"小丫头刚出道，显然还不懂游戏规则，所以将信将疑："真不要钱么？"老浪肯定地点头。机灵的尔玛依娜赶紧说："要是付钱，那可是你付哦！"

主席台上没了她

那是在古尔沟酒店的第二天，尔玛依娜被邀参加甘宝藏寨开光仪式。这是个很隆重的仪式，理县有上万人参加，尔玛依娜作为刚刚走红的网络名人，当然也因为她刚刚担任了理县的旅游形象大使，于是被安排坐在主席台，和县领导们坐在一起。结果这个小小的“主席团”成员一会儿不见了，一会儿又出现了，在台上正襟危坐没几分钟呢，又忽然站起来“闪”了。你猜她干什么去了？原来她在台上一发现伙伴和熟人，就跑下去和人家打招呼去了……

按照一般人的理解，一下子成为红人，和主席台上的各位领导坐在一起，那是多大的荣誉啊，应该像模像样地端端架子，怎么能见到熟人就跑下去呢？尽管别人一再告诫，尔玛依娜还是不能老老实实在主席台上“就座”。这个看似毫无城府的举动，愈发显示了她的天真和可爱。

尔玛依娜走红网络，使得她和她的家乡都成了当时的热点。她的家乡正是在通往九寨沟的必经之路上，很多人就都顺便来到了尔玛依娜的家乡。一次，尔玛依娜在桃坪寨居然看见一辆大轿车的车身上，从头到尾写着一条大标语：寻找天仙妹妹的故乡之旅。她有些紧张地对客人说：这件事好像要闹大啊，大家都来看我，我怎么办？那我以后还怎么放羊啊？

“我以后还怎么放羊啊”

天仙妹妹在重庆卫视《龙门阵》栏目中接受采访。

我，还是我

2005年10月底，由于天仙妹妹的可爱形象已传遍网络，商家也从中发现了商机。她的人气很高，亲和力很强，于是，四川电信、天府热线都请天仙妹妹担任了形象代言。在成都，有一次四川电信的老总在一个很上档次的酒店包间里，请尔玛依娜吃饭。席间，宾主轮番敬酒唱歌，好不热闹。可是主角天仙妹妹好像却并不关注和这些“大人物”的交往，似乎对自己日益被追捧的身份变化也不在意，她时不时就隐匿不见，害得请客的人不断寻找。原因只有一个，她发现在下面伴舞的姑娘中，有几个是她认识的，她们曾经在一起跳过舞、伴过宴，她就找她们玩去了。甚至她还拉她们来到老总面前，兴高采烈一一介绍，像是丝毫没有意识到自己已经“成了名”，她几乎还是觉得自己和那些伴舞的小姑娘没什么不一样。

第一缕乡愁

还是在尔玛依娜刚刚走红的时候，江苏徐州一座著名的百货商场蓝天大厦，欲请她参加一个销售活动。尔玛依娜没有去过徐州，尽管费用不高，她还是愿意去。那次她坐飞机到济南，然后再乘徐州来的车子到蓝天大厦。活动就是讲几句话，唱两支歌，很简单的。但蓝天大厦接待得很好，还打出了“欢迎中国第一美女”的大横幅，活动热烈而温馨。他们安排尔玛依娜住的地方在徐州火车站旁边，从窗子里就可以看见下面熙熙攘攘的人群。结果第二天早晨，人们发现她的眼睛红红的，问她是不是没有睡好。尔玛依娜回答：晚上一直在看火车，进进出出有那么多的车，还有那么多的人。忽然想到，自己在这么好的地方住着，有好吃的好喝的，而爸爸妈妈却还在家里受苦……想着想着就伤心起来，悄悄地哭了大半夜……这是尔玛依娜第一次出远门，住在豪华的酒店，却惦念着远在深山的亲人。看似在思乡，看似多愁善感，却让人看到了一颗善良的心。

2005 年，尔玛依娜在四川卧龙大熊猫保护区，进行保护大熊猫的宣传活动。

有你就有欢乐

有一次，尔玛依娜应重庆卫视之邀，去做一个节目。她要和工作人员一起乘车从阿坝到成都，然后再到重庆。结果赶上阿坝的大塞车，塞了将近6个小时。当时，车上加司机一共有8个人，刚开始每人有一包饼干和一瓶水，很快就吃完了，谁也想不到塞车会这么长时间啊。妹妹就把仅剩的一点点东西保管起来，只听她一会儿喊：开饭啦！然后每人发一片饼干，过一会儿又喊：吃水果！然后每人发一瓣橘子。大家很奇怪她哪里来的东西，她狡黠地说：我吃得少么，所以能留点给你们。大家都笑称她像个小小的管家。因为有了这个小管家，虽然大家不能填饱肚子，但沉闷的堵车时光却有了些亮色。那天，虽然他们半夜才到成都，但因为有了尔玛依娜，大家一路上很快乐。

2006年初，尔玛依娜签约中唱艺能唱片公司，开始制作她的首张个人专辑。为此她来到了北京。当飞机起飞，从祖国西南飞向首都的时候，天气晴好，机翼下可以看见茫茫雪山。尔玛依娜兴奋地叫道："看！雪山！"连绵的白皑皑的雪峰

峰顶，在阳光下熠熠闪光，非常好看。“我的家就在那里！”她高兴地说，我喜欢坐飞机，因为在飞机上可以从这么高看家乡！而第一次从这么高的云端上看家乡，确实让尔玛依娜非常激动。

尔玛依娜到北京后，四川电视台专门派了一个摄制组，跟拍尔玛依娜的日常生活。这种“频繁出镜”经常干扰到尔玛依娜的“好事”。比如她要是在街头发现了什么东西，凑过去看的时候，摄像机自然也就跟着，结果那卖东西的小贩，一看扛机器的，当然就以为会有什么事情，胆大点的一般就不卖了，胆小点的就收拾东西跑掉了。一次，尔玛依娜在地铁旁的地摊上发现了一种帽子，很喜欢，就上前想买一顶。结果那时天有点黑，摄制组不仅摄像机跟得近，连灯也开了。吓得卖帽子的小贩不仅不卖，还收起货品一溜烟地跑了。气得尔玛依娜冲摄制组大叫：“都是你们！什么都买不成！”这不能怪尔玛依娜发脾气，谁让摄制组跟得这么紧呢！当时 CCTV 新闻频道也派出摄制组全程跟拍，节目播出后引起强烈反响。

2005 年 12 月 18 日，尔玛依娜以绝对的高票数，成为搜狐时尚新生代偶像冠军，确立了自己平民偶像的地位。这天，偶像们都来北京参加颁奖典礼。典礼上还有刘晓庆和李宇春。其实在这个典礼上尔玛依娜是主角，因为她得票第一名。但她似乎没有想到这一点，而是为见到刘晓庆和李宇春而兴奋。对刘晓庆，她说她非常佩服她，因为她特别能干，不管遇到什么困难都不气馁。而对李宇春，尔玛依娜就是一个“玉米”，她特别高兴见到自己的偶像，其实她自己已经也成了偶像，可她却没有理会，呵呵。

巧的是，这三位女偶像都是成都人。

在天府热线，尔玛依娜和当时火爆的超女张靓颖一起出台。天仙妹妹刚出道三个月，还没有张靓颖名气大。当主持人介绍天仙妹妹时，大家只是报以掌声，而介绍张靓颖时，台下则是一片尖叫。尔玛依娜调皮地说：“我什么时候能像张靓颖这么火啊？”张靓颖其实却非常喜欢尔玛依娜，她对尔玛依娜说：你不愧是天仙妹妹。

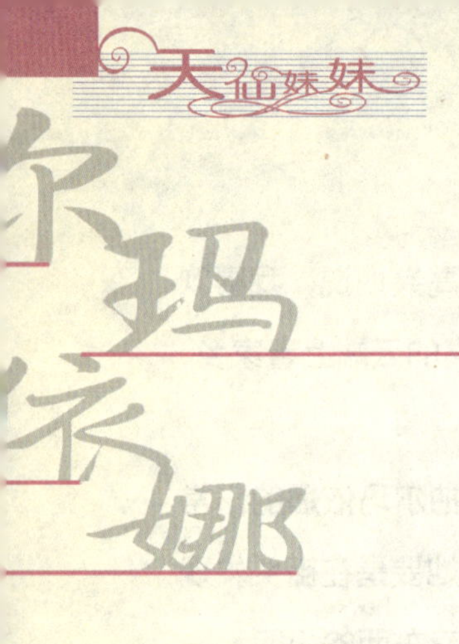

尔玛依娜

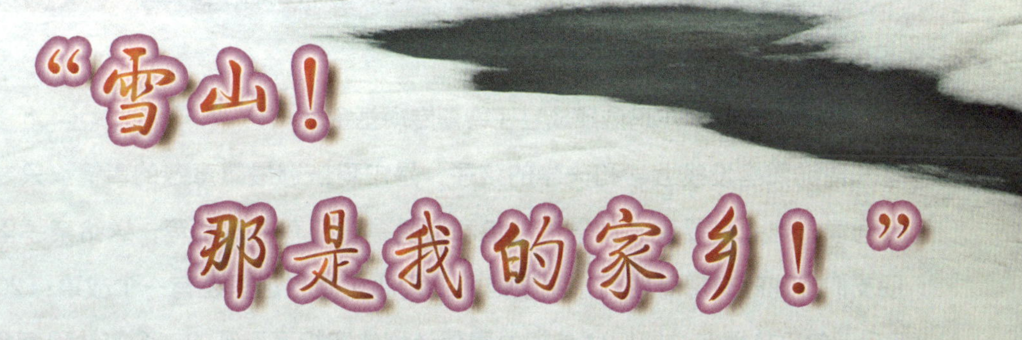
“雪山！
那是我的家乡！”

尔玛依娜·春蕾基金

2006 年 4 月，尔玛依娜成立了春蕾专项基金。

帮助那些没钱上学和失学的孩子，是尔玛依娜最愿意做的事情。只要有机会回家，她一定要买上几十个书包和文具盒，还有书本和笔，送给寨子里的小朋友们。她时刻想着她们，就像她们的爱心姐姐。这里还有一个故事：2006 年 5 月，尔玛依娜在中国妇联参加为春蕾计划的实行而召开的一个媒体见面会。几位妇联领导讲完话后，希望天仙妹妹也讲几句。其实，尔玛依娜最不会说的就是

这种场面需要的“官话”。但那天她轻轻低着头，半天没有说话，大家以为她在想“词”呢，却发现原来她在哭泣！过了一会她才抬起头，眼睛里含着泪水说：“我是初中毕业，不可能完成上大学的梦想了。但我真的希望那些像我这样的山里孩子能够上大学。”当时媒体非常震惊，说这个小姑娘太会“表现”了，其实人们不知道，这只是她的真情流露。尔玛依娜当时是真的想起了那些上不起学的孩子。如果说这是高尚，那么这种高尚是从她的心里流淌出来的。尔玛依娜用她挣来的第一笔钱捐助了春蕾小学。那是她代言索尼爱立信手机之后，就以尔玛依娜的名义，在故乡的薛城镇将薛城镇小学捐助为“尔玛依娜春蕾小学”。她告诉我，如果她有更多的钱，她将捐助更多的学校，并将她的春蕾计划永不停歇地继续下去。

尔玛依娜每次回家都买文具送给孩子们

真希望……上大学

天仙妹妹·仙履仙踪

1999–2002 年阿坝州歌舞团担任舞蹈演员

2003–2005 年四川省唐古拉民族歌舞团舞蹈演员

2005 年照片上传到网络，开始被大家所知

2005 年被推举担任中国“羌学会”副会长，同时成为四川理县旅游形象大使

2005 年签约唱片公司推出三首单曲《尔玛吉玛》《温暖如绵》《咂酒歌》

2006 年参加四川省春节联欢晚会，新单曲主唱

2006 年代言索尼爱立信手机

2006 年捐建第一所“尔玛依娜春蕾小学”

2006 年创建“尔玛依娜春蕾基金”——资助山区失学女童

2007 年在电影《香巴拉信使》中担任女主角，《香巴拉信使》于 2007 年 9 月公映，获得华表奖和金鸡奖

2007 年在中央电视台拍摄的电视剧《回家》中担任女主角

2007 年在电影《尔玛的婚礼》中担任女主角

2007 年进入中央戏剧学院学习

2007 年当选为 2008 北京奥运会祝福使者

2008 年在 40 集电视连续剧《绝密 1950》中担任女主角

2008 年当选 2008 北京奥运火炬手

2008 年《尔玛的婚礼》被邀参加第十一届上海国际电影节，成为该电影节放映时爆满的国产影片

2008 年《尔玛的婚礼》被评为 2008 优秀影片并被国家电影博物馆收藏

2008 年《尔玛的婚礼》被邀参加第四届好莱坞中国电影节，随中国电影代表团赴美国、加拿大参加首映并受好评

2009 年赴日本接受日本 NHK 电视台的访问

都说要去九寨沟最好秋天去，因为那个时候“沟”里的色彩最丰富。能让你大饱眼福，看来此言不虚。

图为九寨秋色。

很多人都去过桃坪寨。据说在现存的古羌寨中，理县桃坪羌寨最为典型。有史书记载，古羌寨始建于公元前 111 年，距今已有 2000 多年的历史。桃坪羌寨外设 8 个寨门，为八卦布局，寨里有 31 条通道，四通八达，联结各家，各处都有对外射击的暗孔，为旧时防敌争战而备。寨中目前仅存石碉楼 2 座，均 9 层 30 余米，被联合国教科文官员称赞。目前已启动申报人类文化遗产的准备工作。可惜，在 2008 年 5 · 12 汶川大地震中，桃坪羌寨受到了极大的毁坏，尔玛依娜的家也在地震中坍塌。好在她父母那时已在成都，哥哥姐姐也在成都，都没有受伤，真是不幸中的万幸。

深夜·买酒

这个故事发生在尔玛依娜刚到北京的时候。

一天，尔玛依娜拍片出来，路过一个小卖部，便进去买点东西。柜台前还站着一个看上去50多岁的民工，背有些驼，衣服也很破旧。他拿起这瓶酒，一问，8块，就放下了；又拿起另一瓶，一问，12块，又放下了。最后他拿起一瓶二锅头，问了问，5块多，他想了半天，结果又放下了，放下后却不走，在柜台前站着。尔玛依娜看到后，二话没说掏钱买了两瓶二锅头，递到这民工手里说："大爷，这酒送给你，拿回去喝吧。"大爷愣住了，看着面前这小姑娘，想说什么终于没说，只是谢过就匆匆走了。同行的人很奇怪，说素不相识你就送酒，怎么送得过来啊？尔玛依娜说："我看到他，不知怎么想起了我爸爸。爸爸平常干活很累，一天忙到晚，就靠晚上喝点酒解解乏。我想他也一定很累，想喝点酒解解乏的。他的儿女没有看到，看到也会给他买。"朴朴素素的几句话，让我听得十分感动，眼睛都不禁湿润了。这是一个多么善良的女孩啊！尽管她与那农民工素不相识，尽管她的收入也非常有限，可她却那么细致地去关爱他们，把他们看做是自己的父兄，这又是何等朴实的情怀！这种情感，在今天的商品经济中，不是格外的珍贵么？而那个老民工，可能一辈子也不知道，送他酒的那个小姑娘是谁。

2006·《香巴拉信使》

2006年的夏天，尔玛依娜接拍了一部影片《香巴拉信使》，在片中饰演一个乡村女孩。这部影片的拍摄是在西昌以西的深山里，条件相当艰苦。住的酒店里有许多蚊子，而且没有床单，直接铺牛皮。导演为了尔玛依娜的脸不被蚊子“亲吻”，每天都让她睡在车里。最恐怖的是蚂蟥非常多。尔玛依娜被蚂蟥咬过好几次。一次，尔玛依娜需要拍一个光着脚、站在墙脚旯的镜头，结果戏拍得不错，等拍完后，她才发现脚趾上叮着一只蚂蟥，看上去好像自己多长了一个脚指头一样。大家赶紧帮她把蚂蟥拍走，从此也送了她一个雅号：六指帮主。

尔玛依娜在影片《香巴拉信使》中饰演的女大学生的剧照

《香巴拉信使》获得华表奖 2007 年度最佳优秀故事片奖后，作为女主角的尔玛依娜前往领奖并接受媒体采访。

这部由国家邮政局、北京紫禁城影业公司、峨眉电影制片厂联合摄制的故事片《香巴拉信使》，是尔玛依娜第一次担任女主角的影片。并在2007年获得中国电影最高奖项——华表奖的最佳故事片奖。

该片根据2006年“十大感动中国的人物”、四川凉山州木里藏族自治县马班邮路乡村邮递员王顺友的真实事迹改编。王顺友不仅是木里县“马班邮路”光荣群体的杰出代表，也是凉山州以及四川省广大党员干部的杰出代表。他二十一年如一日，以邮路为家，忠诚履行一个邮政工作者的职业使命，在平凡的岗位上塑造了对党忠诚、爱岗敬业、艰苦奋斗、无私奉献的“马班邮路”精神，在普通岗位上展示了“为人民服务不算苦，再苦再累都幸福”的崇高精神境界，使人们在思想上受到深刻的教育，在灵魂深处受到强烈的震撼。曾导演电影、电视剧《我的兄弟姐妹》的俞钟任该片的编剧兼导演。影片把一个乡邮员辛苦孤独的生活和工作生动地艺术地展现出来，以浪漫的笔调创造出“王大河”这样一个活生生的艺术形象。王大河为了不耽误藏区孩子求学，昼夜赶路，拉着马尾巴冲过泥石流，及时将大学录取通知书送到考生（尔玛依娜饰）家中，并带着她走出深山，上了大学……

尔玛依娜说，在片场的生活虽然很艰苦，但那里的风光还是很美的。影片的拍摄选择了负有“人间天堂”之名的木里（香格里拉中心地带）为外景地，除了“天仙妹妹”尔玛依娜在影片中出演乡妹子尔玛外，在张艺谋《千里走单骑》中出演云南导游的邱林，在此片中饰演王大河。我专门去看了《香巴拉信使》，感觉影片呈现给了观众一个原汁原味的感人故事、淳朴自然的风土人情和天堂一般的美丽风光。

孝顺的女儿

2006年9月，尔玛依娜拍戏刚回北京，到家时已经半夜了。第二天上午，网友给尔玛依娜打电话，她说，我在医院呢！把人家吓了一跳，以为她病了，一问才知，她是到医院给爸爸挂号去了。尔玛依娜的爸爸得了股骨头坏死，从报纸上看到北京前海医院治这种病比较专业，就告诉了女儿。而尔玛依娜不顾拍戏劳累，一回京就给爸爸挂号去，而且还买了机票让爸爸来北京看病。爸爸来了以后，她更是陪伴左右，有空就在病房和爸爸聊天。医院的医护人员都认识天仙妹妹，大家都说觉得她这样一个红人，能这么孝顺父母，真是太难得了。

尔玛依娜是个孝顺的孩子，她虽然外出打工，虽然成了名人，但她时时刻刻都想着爸爸的病。从机场接了爸爸，尔玛依娜就陪爸爸径直来到前海医院。等到医院一看，果然名不虚传：医院很干净，环境也很优雅，妹妹的心先放下了一半。

天仙妹妹带着爸爸来到医院住院部，受到了院方的热烈欢迎。大家对这个羌

尔玛依娜的爸爸病好后，和医院的医护人员合影。

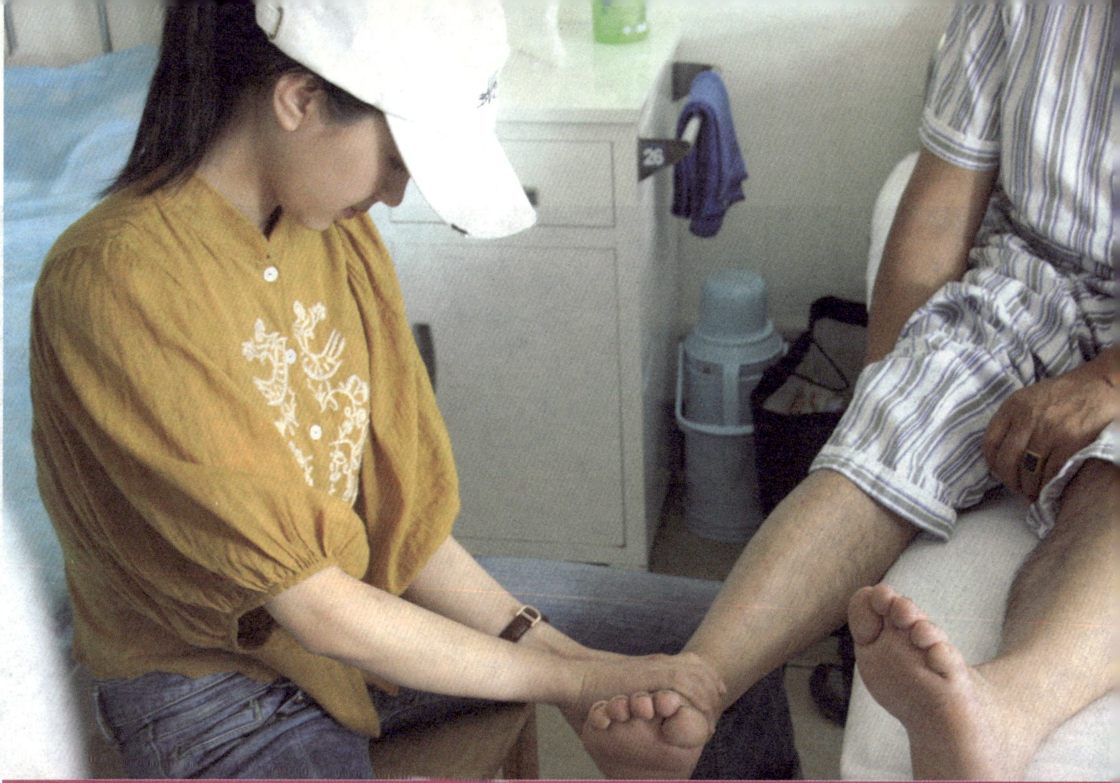

尔玛依娜在医院护理爸爸

族小姑娘印象很好，不仅为她提供了温馨、舒适的就诊环境，并根据妹妹爸爸的病情拟定了治疗方案，使余青云的病很快好转。后来我见到尔玛依娜的时候，问她爸爸的腿怎么样了，她告诉我说“全好了”，我真是感到十分惊奇。因为我知道，股骨头坏死是一种很难治疗的病，有不少人甚至终身不愈呢，有个这样的好女儿，真是余青云的福气！妹妹

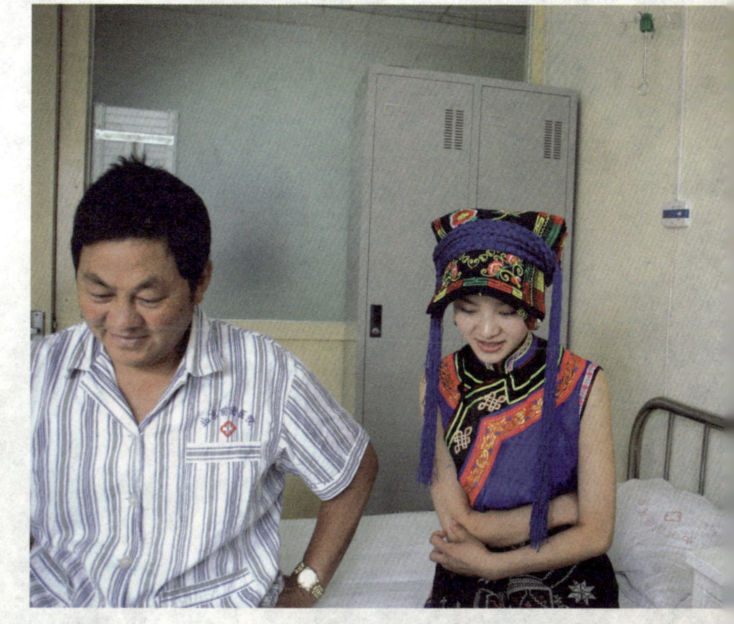

"爸爸，我一定陪你把你的病治好"

说，她确实没有想到爸爸的“股骨头坏死”能治好。现在，尔玛依娜的父母都住在成都，身体都还不错，这是让小女孩最开心的事情之一。其实，余青云的“股骨头坏死”奇迹般地好转，可能与他不用再干重活有关。股骨头出问题，据说和负重走路有很大的关系。余青云年轻时经常背着石头上山，给人家盖房子修房子维持生计，羌族都是用石头一层层地垒房盖屋，干这么重的力气活，对他造成了损伤。而现在他不用那么辛苦了。他靠着小女儿的供养，在成都这个天府之国过着悠哉游哉的日子，心情也很舒畅，他的身体怎么能不好呢？

影片《尔玛的婚礼》剧照

2007·《尔玛的婚礼》

《尔玛的婚礼》是一部反映羌族生活的现实主义题材故事片，这部影片不仅以羌语拍摄，以羌族演员为主角，更由百分之八十以上的羌族演员出演。影片以纪实的手法大量展示了羌族的服饰、语言、乐器、舞蹈、饮食、劳动和婚俗。不少观众认为，羌族的美让人惊艳、汶川的美更让人惊艳，山水和人，在这部影片中，都成了靓丽的风景。

这部影片拍摄于2007年6月。《尔玛的婚礼》通过表现一个羌族少女在即将举行婚礼时所面临的困惑和矛盾，展示了羌族神秘的文化。影片以距汶川十公里的理县桃坪羌寨为主景区，兼有汶川、理县、茂县部分景点，保存了5·12汶川大地震前羌族文化和自然景观的美丽景象。这使得影片有了别样的纪念意义。

石门·试酒

2007年，尔玛依娜在河北电视台参加了《周末乐翻天》节目。在节目当中有个环节，是她按照羌族的习俗，给主持人唱敬酒歌，并从一个大酒坛子里舀出一碗酒，献给主持人喝。其实那个大酒坛子里，装的是白开水，但可能酒坛子没洗干净，水里仍有股比较明显的酒味。主持人接过去，一闻，吓了一跳，以为真的要喝酒。现场的人都笑翻了。其实，就是真的喝酒，天仙妹妹也不怕，羌族几乎人人能饮，喝酒不成问题。有一次，天仙妹妹在家乡拍MTV，好几个从成都来的工作人员，都是大小伙子，本来他们没把尔玛依娜放在眼里，结果全让天仙妹妹灌倒在桌子底下。我惊诧地问："真的？那你喝了多少？"妹妹调皮地眨眨眼睛："没多少吧，也就一斤或两斤白酒。"天啊，她有这么大的酒量！这在内地应该算是海量啦，况且她还是个小姑娘！

不过，妹妹告诉我，她现在已经不喝酒了。因为喝酒对皮肤不好，对嗓子也特别不利，为了对自己的演艺事业负责，她已经"改邪归正"，滴酒不沾了。现在她参加各种活动，都只喝果汁。顺便说一句，那次灌翻了一大堆成都小伙的事，她曾很得意地讲给爸妈听，结果被爸妈臭骂了一顿。

在石家庄做完节目后，尔玛依娜接受了当地的媒体采访。走出桃坪寨以后，尔玛依娜就比较配合媒体的访问。她觉得，接受采访是宣传家乡和民族的最好机会，这位旅游形象大使总是不忘使命，很称职哦。

英吉利·海南島

尔玛依娜的芳名不仅在国内影响很大，在国外华人中也有了一大批拥趸者。2007年秋季，尔玛依娜受英国华侨协会和留学生社团的邀请，去英国进行了访问演出。这是她第一次走出国门，看到什么都感到新鲜。她在自己的博客中写道：这里比北京冷多了，可是好奇怪哦，这里的人有穿大衣的，也有穿特薄的裙子的，一年四季的衣服居然都可以在同一天穿着，真的有点搞不懂！她还在博客中贴上了一张围着苏格兰格子披肩的照片，显得很有英伦风情。

从英国一回来，天仙妹妹就受邀来到中央电视台南海影视城在“十一”期间举办的黄金周“盛宴”，在十月一号到十月三号这几天，与游客零距离接触，共度美好国庆佳节。

尔玛依娜在英国，披着典型的苏格兰风格的披肩。

在中央电视台南海影视城演出

在海南省三亚的沙滩上“留字”

2007·《回家》

尔玛依娜在《回家》中，与赵锦焘饰演一对情侣。

《回家》是一部六集家庭欢乐贺岁喜剧，是由中央电视台经济频道、中国国际电视总公司、中视经济影视中心共同制作出品的。演员阵容十分强大：孙海英、林芳兵、刘金山、颜冠英、李明启、葛存壮、黄素影、韩月乔、马羚都在里面担任了主要角色，天仙妹妹尔玛依娜出演了一个时尚女青年。这部电视剧讲述了一个村里喝同一条河水长大的三个男人在同一城市相遇的故事。错愕的人物关系、复杂的感情纠葛以及一个隐藏了20多年的秘密，使得这个戏既好看又好玩，尔玛依娜也演得很过瘾。

惊天动地的一瞬

震惊世界的汶川大地震发生时，妹妹正在梧州拍摄40集电视连续剧《绝密1950》。这是一部剿匪加战争的片子，主要描述在建国前夕，一个由七人小组组成的特别分队，护送我军绝密文件的故事，情节引人入胜。尔玛依娜在其中扮演一位国民党军官的女儿，经历了由千金小姐成长为一名解放军战士的曲折过程。那天，她从广西梧州的片场的震动中，感到出了大事。随后，她的心就无时不刻在记挂着灾区。这可以在她的博文中略见一斑：

自从5月12号下午两点多发生地震后，我的心绪便同我的羌族同胞们更加紧密的连在了一起。如此罕见的震灾，如此大的破坏力把大家辛苦多年建设起来的美好家园夷为了平地，很多的羌族朋友失去了房屋，损失了财产，甚至永别了亲人，就在这种危难时刻我们看到了政府的援助，看到了人民解放军，看到全国人民发扬的“一方有难，八方支援”的精神，我们真的很欣慰，很感动。

在震后的大部分时间，我都在实时关注着cctv新闻频道的不间断报道。第一时间出现在我视野中的是我们的党中央，是我们的温总理，我相信很多朋友和我一样，当听到温总理说道“只要有一丝的希望，我们就会尽百倍的努力”时，大家心中洋溢的更多的是欣慰和感动。随着抗震救灾的一步步发展，我们看到很多的官兵、医护人员、救援团队陆续抵达灾害现场，看到一名又一名的受伤老百姓被从瓦砾中救出，前两日揪心的思念，如今更多的已化作感动的泪水。

汶川、理县等地的兄弟姐妹、父老乡亲们再坚持一下，我们的救援人员很快就能赶到了。大家一定要坚持住，全国的人民现在都在为我们这边的抗震救灾献计献策，捐献爱心。房子倒了不要紧，我们今后还可以再建，只要我们有能力，有信心，我们明天的生活一样美好！

尔玛依娜是第一次拍长篇电视剧。这部戏是由中国银安集团、北京热麦国际影视文化传播有限公司、广西梧州市政府、广西电影制片厂共同打造的。该剧讲的是建国初期，一个七人分队为了保卫国家安全，护送一份绝密文件而与反动派斗智斗勇、英勇奋战的故事。故事背景是1950年共和国成立之初，解放战争的硝烟尚未散尽，但在许多偏远的地区仍然还有未被消灭的国民党残余部队。这些部队加上星罗密布的特务组织，给当地新成立的地方政府和渴求解放、希望过安稳日子的大众百姓，造成了巨大的伤害。我军某大军区高层突然接到紧急命令，在该军区内立即挑选一批身经百战、身怀绝技的战斗英雄，组建一支执行绝密任务的特殊小分队。任务是秘密潜入情况复杂的广西梧州及西江一带，接应国民党投诚的一位情报高官，并不惜一切代价，将他所携带的，关系到新中国党和国家安危的绝密文件，秘密护送回北京。全剧充满激情的爱国主义和英雄主义情结，不久将在全国各大电视台播映。

绝密·1950

《绝密 1950》剧照

尔玛依娜在剧中扮演国民党投诚高官的女儿，一个在整个行进战斗中被我军战士感动的人物形象。第一次担任长篇电视剧的女主角，她很兴奋。她对我说："这是一部非常好看的充满传奇色彩的大戏，我看完剧本就爱上了剧中的女主角。希望能通过这部戏让大家记住我的荧屏形象。"

《绝密 1950》的创作班子也很有实力，其编剧是赵舒亚，他曾经担任《缉毒英雄》《誓不罢休》《最高利益》等多部热播电视剧的编剧；导演唐敬睿，曾执导过《大法官》《法不容情》《绝不饶恕》等热播剧，是获得过飞天奖的国家一级导演；总制片白钰，曾担任电影《霸王别姬》和《梅艳芳（听歌）》的制片人。主演除天

尔玛依娜在《绝密 1950》中的人物造型

仙妹妹外，还有王新军、洪雁、马京京、艾东、李嘉明、曹凯和徐亮加盟，这让该剧很有看点。

在尔玛依娜拍片期间，我和她通过电话，还发过N多条短信，主要是问她片场的情况，问她大致什么时候能回北京，因为我还需要采访一些细节。结果她返京的日子几乎是一拖再拖。终于，在2008年9月，《绝密1950》杀青了，尔玛依娜也回到了久别的京城。

那已经是奥运会之后了。我问她回到北京有什么感受，她说，感觉北京的变化比想象中的还要大。空气比以前好了很多，高速路两旁的绿色植物也增加不少，路上堵车的情况也好转了，而且人与人之间好像也更加和气。我说，自然啊，这是奥运带来的变化。她说，这样多好啊，真希望这种现象能够维持下去。

谈到这次拍摄，她也是感慨良多。毕竟拍了这么长的电视剧，又是担当女一号，戏份很重。她说吃了不少苦，也学到了很多东西。其中的甘苦虽然一言难尽，但有一条是肯定的，就是她更加愿意从事演员这个职业，也准备为之继续努力。回来后，她报名参加了中央戏剧学院的培训班，无论多忙或者有多好玩的事情，她都不会翘课。她对自己的要求更高了。

《绝密1950》中她和“父亲”的剧照

她和“恋人”在一起

她化装成村姑执行任务

① ②

④ ③

①在剧中，尔玛依娜爱上了解放军战士。

②为了救一个婴儿，被女特务俘虏。

③她的恋人背着病中的她。

④在剧中的病榻上。

梧州·难忘

尔玛依娜说，在梧州遭遇洪水的事情，让她“比较震惊”。就在汶川大地震余波未尽的时候，梧州下起大雨。不几天山洪暴发，引发洪水。有天妹妹早晨醒来，一看楼前的足球场已经不见了，成了个大池塘，只有球门的上沿依稀可见。外景拍摄暂停，但工作却不能停止，剧组有的是事情。好在洪水很快就过去了，水一退，拍摄的进度就得加快了。

妹妹说：趁那两天梧州的阳光明媚，我们剧组也抓紧时间拍摄了很多野外丛林中的战斗场面。那天拍摄的主要内容讲述的是为了掩护我和父亲，一个年仅十八岁的解放军小战士受了重伤。一大早，我们剧组一行人就来到八宝唐的山上，准备拍摄。虽然偶尔会有一丝丝凉风吹过，但是大家在树林里还是感觉非常闷热，汗珠简直就是止不住地往下掉。我还算没有什么负重，其他演员可就辛苦了，不但要穿厚厚的军装，还要背上很多的枪支弹药，这身行头可不轻啊！

随着几声枪响，战斗开始了。我和“父亲”躲在掩体后面保护好自己，小分队的战士们在全力阻止特务们的进攻，枪声和爆炸声充斥着每个人的双耳。就在我们准备撤退的时候，一个手榴弹飞向了我们，这时小战士用他的身体掩护了我们，然而敌人的炸弹却无情地夺走了他的双眼……

我长这么大还是第一次看到真的枪械，拍爆破场面的时候，我还真的有点害怕呢！因为那个声音实在是太响了，我感觉我的耳膜都快被震破了。不过还好她用了一个好办法，就是在拍之前用棉花把耳朵塞住，还挺管用的。

在梧州，让这个小女孩印象深刻的，除了南方特有的植物和景色外，恐怕就是那里的蚊子了。尔玛依娜说，梧州的蚊子让人“毛骨悚然”，无论在哪里，都会

出现它们的身影，它们会像宠物一样伴随在人的左右。而且这里的蚊子非常的有特点，身体是花的，听当地人说，它们还都是进口的品种，被叮之后会起特别特别大的包，又痒又痛，很不容易好。如果不是亲身经历，怎么也想象不出它们到底有多厉害！每天去现场，各种各样的驱蚊药和止痒药膏，是演员们必带的物品。可见，那尖尖的蚊嘴不亚于炮火啊。

好歹整个剧组齐心协力，《绝密 1950》的拍摄进度在洪水之后加快了许多，最后终于胜利关机。很多人都认为，这个戏是中国版的“加里森敢死队”。《加里森敢死队》曾经在上世纪七八十年代给人留下了深刻的回忆。而《绝密 1950》几乎具有当时《加里森敢死队》的所有要素：身怀绝技的高手，性格各异的人物，惊险刺激的情节，扣人心弦的节奏，时刻把人的心悬在半空，很能吸引观众的眼球。而加里森敢死队剧情并不连贯，是由一个个小故事串联的，但《绝密 1950》是一个完整的故事，全剧紧紧围绕一个中心展开，亦智亦勇，亦战亦谋，完成了一个看起来几乎不可能完成的任务。更为重要的是，剧中表现出的爱国主义与英雄主义精神，使她成为一部献给中华人民共和国成立六十周年的主旋律英雄大戏。

或许正是占这种宏大题材之利,2008 年 12 月 21 日，尔玛依娜随着电视剧《绝密 1950》剧组，参加了由中央电视台举办的 2008 年 CCTV 电视剧群英汇。这个活动集中展示了 2008 年和 2009 年已经和即将播出的优秀剧作，场面宏大，明星云集。尔玛依娜在活动中见到了好多自己喜欢的港台和大陆的优秀演员，在走红地毯的时候，走在她前面的竟是妹妹最喜欢的女演员陈冲！当时尔玛依娜非常激动，还在自己的博客上贴出了现场拍的照片。

这次参加拍摄大型电视剧的经历，让尔玛依娜成熟了很多。我再和她交谈的时候，发现她正逐渐褪去青涩，言谈举止中竟有了几分历练和稳重。可见，艺术实践对一个年轻演员来说是多么不可或缺！希望她以后的“星途”从艺术和生活中汲取更多的营养。

幸运·奥运火炬手

2008年，对于每个中国人来说，都是不幸而又幸运的，对于天仙妹妹而言也是如此。在她的家乡，几百万同胞经历了有史以来最大的灾难——“5·12”大地震，这是令人沉痛的不幸；而幸运的是她代表羌族传递了奥运圣火！

在这里，我们不妨引用一段尔玛依娜的“博文”，来记叙她当天的感受：

8月4日广汉，我终于迎来了期盼已久的奥运圣火传递活动，当天下午5点整，奥运圣火在四川广汉的展示活动正式开始（由于地震的原因广汉站改为火炬展示活动），我所在的位置是三星堆博物馆站的第29棒。三星堆博物馆是一个非常有民族特色的历史博物馆，它是我们中华民族的骄傲，更是我们羌族文明的骄傲，有机会你一定要去领略一下啊。

在为大地震中的遇难者默哀一分钟后，我们的圣火展示活动开始了，在最前端的多个方阵代表们虽然来自各行各业，但是更多的人是为我们四川抗震救灾工作做出杰出贡献的英雄们。

在四川传递区，第 29 棒奥运火炬手尔玛依娜，正把手中的火炬传给她的下一棒：一位年轻的飞行员。

由于是展示活动，所以广汉站的传递没有像其他地方那样每个人都有 200 多米的距离，我们这边大约每个火炬手相隔只有 15 米左右。很快火炬就传到了我的面前，此时心里突然紧张了起来，事先和 28 号火炬手商量好的交接动作比最终的动作要好看多了，但是不知道为什么当时所有的激动和兴奋全都变成了紧张，要不是 28 号尔甲大哥拽了我一下，我可能会站在那里发愣了。圣火在我的手中点燃了，梦想了很久的希望之旅开始了，虽然它只有短短的 15 米。很久以前我就在想，我怎么样才能在这短短的一段路上更好地展示我们羌族人民的风采，想来想去我决定用我们民族的莎朗舞来完成火炬传递。

歌手容中尔甲是尔玛依娜的上一棒，尔玛依娜和他在自己编排的藏族舞蹈动作中，完成了火炬传递。

当我把火种传给 30 号火炬手，当我将手中的火炬熄灭，当我遥望火种一步步地奔向远方，心中仍然久久不能平静，除了作为火炬手的兴奋与荣幸，我想的更多的是全世界的朋友是否都看到了我们的微笑和我们对未来的信心。奥运让更多的外国朋友看见了真实的、现代的中华民族，我要努力让更多的人看到我们历史悠久的羌族文化。

萍踪·国际电影节

2008年9月20号，第四届好莱坞（中国）国际电影节在台州拉开了帷幕。《尔玛的婚礼》也很荣幸地被邀请并入围了此次电影节。19号一大早，尔玛依娜和导演阿豫就怀着愉快的心情飞往了台州。她在那里见到了出席电影节的很多艺术家，他们很成功地在银幕上塑造了各种角色，很让尔玛依娜羡慕。当天还看到了她最喜欢的斯琴高娃老师，她真的希望今后能有机会和她合作！

尔玛依娜主演的这部影片拍摄于2007年6月。《尔玛的婚礼》通过表现一个羌族少女在即将举行婚礼时所面临的困惑和矛盾，展示了羌族神秘的释比文化。前面说过，影片在距汶川十公里的理县桃坪羌寨拍摄，兼有汶川、理县、茂县部分景点，保存了“5 · 12”汶川大地震前羌族文化和自然景观的美丽景象。这使得影片有了别样的纪念意义。

《尔玛的婚礼》如果不通过同声传译，你一定听不懂，因为它是一部完全说“羌语”的影片。除了语言，角色由百分之八十以上的羌族演员出演。影片以纪

参观加拿大西门飞沙大学

实的手法大量展示了羌族的服饰、语言、乐器、舞蹈、饮食、劳动和婚俗。不少观众认为，羌族的美让人惊艳，汶川的美更让人惊艳，山水和人成了亮丽的风景。在第十一届国际上海电影节上，该片引起轰动。但是，由于尔玛依娜在梧州片场，剧组拍摄特别紧张，所以不能去上海。就在她心里觉得很遗憾的时候，她陆续接到来自沪上的电话和短信：《尔玛的婚礼》作为上海国际电影节特邀影片，有三个来自灾区的演员特邀走上了红地毯，并创造了几个唯一：唯一一部观众自动起立，为灾区遇难者默哀的影片；唯一一部爆满的国产片；唯一一部放映结束后观众久久不愿离场的影片，同时是主创人员接受媒体采访次数最多的影片。

留芳·美国和加拿大

在美国环球影城里留影

“我回来了！”妹妹在电话里兴奋地说：“终于又踏上了这片我熟悉的土地。”这次她是作为《尔玛的婚礼》的代表，赴加拿大和美国访问。虽然行程很紧张，但过程却非常开心。在温哥华，尔玛依娜看到周围好多都是有着和自己一样肤色的人，而且那里好多人都说国语，让她感到很亲切。她突然想，像我这样的外语初级选手，在那里生活还是毫无问题的。当然只是她开玩笑的“一闪念”而已。其实，她认为努力学习外语还是必须的！她独自在环球影城里面游览，在那里比较有收获的就是，能流利地用英文跟别人说“帮我拍一张照片好吗？”她为自己只能说这样简单的英语而不好意思，其实她现在还在努力学习中。

在温哥华，尔玛依娜见到了温哥华的市长。他多次到过中国，对中国的印象特别的好，他还是2000残奥会的火炬手呢！当天，温哥华市长还用简单的中文和妹妹进行了交流，说他在中国得到了特别好的照顾，还拿出了珍藏的奥运火炬。当尔玛依娜告诉他：“我也是奥运火炬手”的时候，他居然流利地用汉语说：“太有缘分了！”后来，尔玛依娜还和中国话剧院院长赵有亮等一起参观了加拿大最有名的“西门飞沙大学”，在那里她发现了好多来自国内的学生，让她为中国的青年骄傲了一把！

一个礼拜后，访问团从温哥华飞往了美国洛杉矶。次日，电影《尔玛的婚礼》就要在那里放映。尔玛依娜在博客中写道：对于我来说是一个不小的收获！闲余时间我们还去参观了环球影城，好多的好莱坞大片就是在那里诞生的！

2009年春天，尔玛依娜受到日本NHK电视台的邀请，赴东京接受采访。

尔玛依娜是羌族，但她也是四川人。她喜欢吃川菜，听高腔，当然也讲一口流利的四川话。四川话在西南地区有很大的影响，虽然也属于北方语系，是西南官话的一个分支，语音、词汇、语法等和普通话有很大的一致性，听懂并不困难，但它有自己的特点，特别是一些方言，如果不事先学习一下，恐怕未必能懂。这里就简单列一点，让我们来了解一些四川话的意趣。

风味独特的

★ 扎起（发音 za，3 声上声，一般不念 zha）——江湖艺人跑场子，支持者围拢一圈予以鼓励和帮忙，防止有人使坏，叫做“扎场子”，简称“扎起”。开始表演前，艺人老大抱拳相谢支持者：“多谢各位弟兄为我们扎起”。引申意为“鼓励，支持，帮忙，制止捣乱”。

★ 雄起——大力展现阳刚之气，拿出自己的最大本领，压倒对方。

★ 娃、娃儿、女娃子、男娃儿、弟娃儿、妹娃子——小孩子叫娃儿，女孩叫女娃儿，其余类推。现在这个“娃儿”通用于所有年龄阶段，相当于“男生、女生”，甚至于说老太婆都说“哎呀，人家是女娃儿，你让一下（ha）别人么。”

四川方言

★ 瓜——瓜，“傻瓜”的简称，含义还包括“憨包”之意。男人傻，就叫“瓜娃子”，女人傻，就叫“瓜女子”。中年妇女傻，就叫“瓜婆娘”。这个用法大约从“文革”中期开始。

★ 宝、宝气——憨包一个，到处出洋相的傻瓜。

★ 狗的——口头语，加重语气：发狠地、下决心地、强调地、不满地、吃惊地……

★ 咋个——为啥，为什么，怎么。

★ 霸道：在四川话中经常用于褒义。意思是绝了、厉害、高，实在是高、好得没话说。例如：“妹妹的身材好霸道哦。”

★ ×绰绰——即“什么什么的”样子。神绰绰的（精神病样子），哈（傻的四川发音）绰绰的（很傻的样子）。

★ 抓（zua，降调，zuazi）子——“做啥子”的连读。

★ 提劲——来劲，振奋人心：“姑姑，太提劲了。”

★ ×起——起来，常用在动词后面，加强动词的意义：雄起、来不起了、扎起、懂得起。

★ 幺（yao 阳平声）——年龄最小的。幺姑娘、幺娃、幺女、幺叔。

★ 巴适——好，合适，舒服，心满意足：“原来在城里头没碰到巴适的？”

★ 苕气——红苕（甘薯）气味，转义为“土头土脑，乡下人样子”：“说我们身上苕气打不脱、脚杆是弯的！”

★ 稳起——稳住，不要露马脚。

★ 装神——假装出来的样子，装模作样的样子，演戏给别人看。

★ 龙门阵——聊天，摆龙门阵就是进行聊天。

★ 凶——厉害，有本事。如：“你娃凶哦，我都被你搞附（服）了。”

★ 梭边边——第一个边拖长音。梭：溜走；边边：边缘。梭边边=溜走，逃跑，躲开。如：“你把事情搞糟了，想梭边边嗖！”

★ 咂——1、吸吮；2、小口地喝酒、喝水。西南少数民族用麦管或细竹管从酒坛里吸酒也叫咂酒，例如，尔玛依娜唱的《咂酒歌》就是后者。

★ 拐——错了。“拐了，拐了”是“错了错了”，“不会拐的”是“不会错”。

★ 天棒（川东，川中用得多）——相当于北方方言的“愣头青”“二杆子”，讲话和做事情不假思索，不管后果乱做，像傻瓜一样办事，得罪了人自己还不知道。

★ 崽儿——贬义的“那小子”。

★ 杀麻麻鱼：浑水摸鱼，蒙混。

★ 摁是：确实是。

★ 马起脸：板脸的意思。例如：“他讲着讲着就马起脸来”。

★ 铲铲：不相信的意思。例如：“甲：今天发奖金哟。乙：铲铲，昨天才发老的。”

★ 索索滩儿、索索板儿：滑梯。

★ 蛮施：特别、很，加重语气，例如说“你蛮施烦”，就是“你特别烦”的意思。

★ 巴：粘贴、附着。例如：“巴斗烫”（粘着烫）。

★ 背时：倒霉。例子：“你个背万年时的”。

★ 吃嘎嘎：吃肉的意思。

★ 假打：这个词与耿直相对，而有异曲同工之妙。

★ 棒棒军：重庆地方特色——进城民工，仅靠一根竹棒和一对绳子及体力谋生。

★ 芊芊：餐时用来串菜餐后用来计量结账的竹签。

★ 老汉儿：老爸。

★ 走人户（“户”一般读 fu，轻声）：去亲戚朋友家串门 。

风味独特的四川方言

第三章

网络神话 芬芳天涯

生活在高原深处

生活在美好深处

“阿坝”这个词，是藏语的译音，大约形成于1200年以前。据史料记载：唐太宗贞观年间，吐蕃王松赞干布以武力进攻松潘向唐求婚，占领松州以西地区后，从吐蕃腹地阿里一带迁民至本地，并居住下来繁衍生息，这些迁徙之民自称“阿里娃”，后渐延成“阿坝”，阿坝州便由此得名。阿坝州下辖的13个县中，尔玛依娜的家乡理县就位于州境东南部，也是一个风光秀丽的所在。

让我们来看看尔玛依娜成为网络红人之后“频繁活动”的脚步：她做了理县的旅游形象代言人；做了家乡春蕾计划的推行者；成了索尼爱立信的广告模特；被请出了羌寨，到“四川在线”的演播室讲述自己的故事；又到了2006年上海新年晚会，为上海人民敲响了新春的钟声；还到了紫禁城公司，随后奔赴《香巴拉信使》的拍摄现场，拍出了一部获得好评的影片，又拍了第一部羌语电影《尔玛的婚礼》；在四十集电视连续剧《绝密1950》中再次担任女主角，并第一次和众多“科班”出身的明星合作；她还被请到了中唱的录音棚，录制了专门为她写的新歌……

尔玛依娜，这颗小小的、闪着蓝色幽光的新星，已经有了连她自己都不能左右的轨迹。那么，当这个曾经名不见经传的小女孩真正开始“走红”的时候，或者说一个源自网络的红人，真正开始“落地”并踏上星途的时候，她背后揭示出的网络现象及其意义，却引发了我再一次的思索……

我感到，始自网络的尔玛依娜，引起了一种值得关注的文化现象。如果一言以蔽之，就是我们到底需要什么样的网络红人？熟悉尔玛依娜的人都知道，尔玛依娜产生于网上“红人”频出的时候，那时候木子美、芙蓉姐姐等借网络“鹊起”的女生，几乎成了坊间最热门的话题。以致于天仙妹妹刚刚出来，还不为人们了解的时候，大家还以为她是另一个芙蓉姐姐。但是，大家很快就发现，天仙妹妹绝不同于其他的网络红人，她不同于木子美们的性行为自曝、芙蓉姐姐的S型Pose等等，用扭曲的审美形态来吸引人们的眼球，而是用真正的真善美打动了成千上万的人。因此可以说，她是网络中一个比较少见的“正面形象”。为了探索这种网络形象的意义和价值，笔者走访了中国社科院、人大和北大等高等院校研究

社会问题的专家学者，以及国内门户网站的相关人士，对天仙妹妹以及网络走红现象进行了较为详细的交流，并对他们的观点进行了提炼和概括，这个过程也让我有了很多体会。

首先，天生丽质的羌族姑娘尔玛依娜，由于其清纯美丽而受到海内外网友的热捧，使她在两个月内迅速走红，继而引发传统媒体的跟风力挺的故事，不管其进展和结局如何，有一点是可以肯定的：其意义远远超出“天仙妹妹”走红本身。

对于明星崇拜的文化情结，在不同国家、不同文化背景下均带有普适性。在个性缺失或者个性膨胀的社会状态中，明星崇拜、偶像自造，几乎都会发展到极致。这种社会文化心态，反映了当前中国社会、经济、文化的多元化架构下，以平民文化审度英雄和美女的视角和标准。但是，这种平民文化所折射的社会心理状态往往有一种认知障碍，即对传统文化的集体失忆，导致网络似乎“美”“丑”不分，“恶搞”横行，仿佛不这样就不是网络文化。遗憾的是人们对于这种网络文化所表现出来的病态的审美趋势，颠覆的却是中国文化传统中美好的审美价值和道德取向。

一个值得玩味的事情是，网络的异化和扭曲成为趋势，甚至成为人们见怪不怪的一种社会常态。在这种状态下，商业化原则便成为众多领域的泛标准，鄙俗文化的泛滥似乎成为某种必然。“天仙妹妹”的走红，其实最初也带有非常鲜明的这种时代痕迹。只不过还好，或者说非常侥幸的是，天仙妹妹这个形象的树立，体现出了一种完全不同的价值观和审美意义。这对于今天的网络来说，显然弥足珍贵。

再者，“天仙妹妹”的崛起和迅速走红，又一次展示了网络传播的力量。

自网络进入人们的生活以来，一种多元的休闲元素已经不容置疑地存在于意识形态领域了。肯定也好，否定也罢，不管你对网络采取什么态度，网络文化的浸淫实际上已经无处不在。

网络文化的主流及其始作俑者，是一些喜欢操纵和炒作的网民。他们在主流文化领域可能没有地位，但由于网络起先并不是纳入文化范畴的，即使是现在，它也仍以信息量，以一种崭新的传播样式而称一方之雄。正因为如此，由一些泛文化人、或非文化人掌控着的网络，出现一种不入正流的“非文化”的文化，或者叫“肤浅文化”，似乎就可以理解了。其实不只是网络，包括电视台等媒体，也被这种“肤浅”的趋势吸引，热衷于翻滚在“肤浅”的快乐之中。有人还拿创下全国地方电视台收视之最的湖南卫视当例子，分析了“超女现象”。当粉丝们近乎疯狂的拉票，所有人都津津有味于女孩们的“PK”时，我们不禁要问：我们真的需要如“李宇春”一样的“超女”么？于是有的专家得出了这样的结论：我们不但喜欢愚弄别人，同样也喜欢让别人愚弄自己。我们不知不觉中体会到平民文化的乐趣和社会认知。我们寻求的实际上是一种精神的放松，肤浅并娱乐着，原来是这样让人愉快。

可以说，兴起于网络文化，虽然是名副其实的“浅文化”，但它让每个人都有了成为偶像的可能，网络文化造就了一个“泛偶像”时代。于是总有人热心地发

天上掉下个羌妹妹

掘偶像。各大网络门户似乎也是发掘“偶像”、制作“偶像”的捷径。

说到底，网络也是传媒，是当今人们生活中不可缺少的传播工具，在注重新闻性的同时强调正面价值，在利用其快捷性的同时注意其导向性，进而团结有识之士，强化网络的管理和运作，创造一种为国人所需要、乃至现代化建设所需要的清新健康的网络文化，也许才是中国网络生存的正道。只有主流的网络文化发展起来了，网络文化坚持先进文化的前进方向，才有切实可靠的保障。

那么，我们需要如何在网络文化中缔造先进文化？这

个题目太大，估计本书承载不了如此宏大的构架，但具体到我写的这个网络红人，倒是很自然地引出了一个小话题，就是天仙妹妹为何让这么多人喜爱？以至有人说她是对中国女性审美价值的匡正？在这里我可以说一个小插曲：中央电视台新闻频道有一个《纪事》栏目，曾经在2007年6月17日播出了《再见天仙》节目，述说了老浪和妹妹的故事。其中主持人问，如果不是浪兄带你出来，你会在山中老去，默默无闻，你是否觉得遗憾？结果妹妹回答：那样也很好啊。一语令人无言。即便做个乡下农妇，她也会洒洒脱脱、波澜不惊，这样的回答又一次证实了她的单纯和率真。而这恰恰是最打动人的。中国女性到底怎样才算美？对于这个问题，恐怕见仁见智，但我们相信，对于许多人来说，还是喜欢真实、善良、含蓄、温婉的女性形象。据某网站的统计，这种趋向传统的女性仍然是多数人的审美取向，人们觉得，女人的美应该是内在美和外在美的有机统一。也正是在这个角度上，天仙妹妹不施粉黛的恬静笑容，重新扶正了我们的审美观。

我个人认为，在整个采访过程中，这是个非常有代表性的观点。尽管在众多网友的发言中，很多人多多少少表达了这样的意思，但明确提出“扶正”说的，却是中国社科院荣誉学部委员、研究员朱大渭先生。朱先生的观点很有代表性。其实“扶正”之说所以被大家认同，是因为社会中曾经而且现在仍然普遍存在着歪斜的、扭曲的、异化和物化了的价值取向和审美观。反映了不少人审美趋势的扭曲。但是，值得思索的是，明明不美，为什么那么多人还趋之若鹜，甚至其间不乏高校学子呢？这完全可能是因为我们已经身陷一种扭曲的审美之中，有些“久居鲍鱼之肆不闻其臭”之效，而忽视了“第一种美就是自然美”这样一种普遍的美学法则。

与此同时，一些学者还指出，网络上值得注意的问题是，一些反自然的、人为追求的虚假美，在国内不少年龄层次的男女中很有市场。比如有人不喜欢自己的黑头发黄皮肤，东施效颦，将自己的头发染成怪异诡谲的色彩，如果眼睛能染

色或者能够挖出来换上一个发绿光的猫眼，可能也会有人心向往之。诚然，张扬个性无可厚非，但问题是怎样的张扬才算“个性”？或者说，张扬个性是否需要美的“原则”？试想，如果尔玛依娜也是以一种张扬或怪异的方式来争夺眼球，她还能是天仙妹妹么？她还能够得到这么多人的喜爱么？难怪发现“天仙妹妹”的是位久居国外，对西方文化产生审美疲劳的海外游子，因为他认同中华传统的美，他对这种美是敏感的。谈到这个问题时，有不少人都表示要感谢“老浪”。尽管他已经“退出江湖”，不再做尔玛依娜的经纪人，但不能否认他为网络带来了久违的清新自然之美，仅此一举，也值得人们永远怀念他。

现在，尔玛依娜成名已经三年了。她牵带出的网络文化问题，这期间已经有了很多改变。我国网络文化的建设以及管理，已经从最初让人有些不知所措的新课题，发展成了逐渐走上正轨的行业和领域。以法律规范、行政监督、行业自律、技术保障相结合的网络文化管理体制和机制，正在推动网络文化走上健康的道路。包括推出更多让人喜爱、具有正面价值的网络红人。网络以及文化正在越做越好。

让我高兴的是，在本书接近尾声之时，我看到了更多关心网络文化的有识之士，都在为建设网络先进文化而努力。其中，我的朋友木弓和杜霞，还专门为本书写下了真诚而灵动的文字。我把它们也展现在这里，与读者共飨。

作家艺林讲述了一个网络红人天仙妹妹的故事。实际上，作家着重描述了一个爱美的旅行者发现了阿坝地区羌族少女尔玛依娜，并把她塑造成网络红人的过程。这个过程很单纯，不复杂，却很感动人。据说，天仙妹妹的形象受到了网友的喜爱，也让影视单位很看好，在一些影视剧中担任角色。我对网络文化研究认识还很粗浅，但我看到这个美丽的少女形象被网友们接受，心里是很高兴的。我愿意说，在我们的网络文化建设中，塑造推荐正面美好的形象，越来越形成了共识。

自由是网络文化的优势，也是网络文化的风险。任何人都可以自由地参与网络的活动，似乎不受任何限制或约束。想说什么就说什么，想怎么说就怎么说，很符合人自由的天性。这也正是网络得到广大人民欢迎之所在。网络最初阶段，这个优势被发挥得特别充分，人们就像找到了一个参与社会活动表达思想的简便而有效的法宝一样。时间长了，人们就会

天仙仙妹妹经常到新浪、搜狐、网易、tom 等各大门户网站做客

发现，过当自由，失去约束，其实是让每一个参与者承担一种社会性的风险，那就是网络每天都产生了许许多多的文化垃圾，并且实际上正在消解或者说是在瓦解传统的有约束的文化。这种瓦解总有一天会成为一个国家一个民族道德和核心价值的风险。网络的双刃剑效应凸现出来了。

实际上，过当自由最大的风险是对人性的过当放纵而使人性失去应有的节制。我们在充分享受自由的同时，实际上也把人性不良甚至恶性的部分也表达了出来，这正是网络文化危机所在。别的不说，就说网络红人的产生。我印象中，网络文化中一度“恶搞”很普遍，许多网络红人其实是“恶搞”的产物。我并不把所谓的“恶搞”看得过于严重，好像就只有负面作用。我很看重其间幽默风趣诙谐轻松的成份对调整我们在日益激烈的竞争生活中的心理压力的作用。不过，如果搞得失去节制甚至没有了基本的法律道德约束，“恶搞”也就会走向自己的反面。

面对这么自由的网络，我们开始认识到节制和约束实际上也是人性的重要组成部分。当我们认识到我们的思想边界的时候，我们才能真正认识人的自由的本性，才能真正获得人性的自由。各种限制与约束实际上就是这种边界。因此，网络文化必然会出现那种与网络的真正自由本性相适应的导向。也就是说，我们的网络红人不完全是满足人性“恶搞”的需要，还有一种人性理想的需要，人类爱美的需要。天仙妹妹的被认同，也许正在向我们传递好的信息——我们的网络文化建设的健康正确方向得到了广大网友的支持。

应该认识到，网络文化也是社会文化重要的互为关系的组成部分。社会文化的问题也一定会在网络文化中反映出来。我们不能够脱离社会文化建设去谈网络文化建设。我们现在大力倡导的建立社会主义核心价值体系也应该在网络文化建设中得到倡导践行。但是，网络文化有自己的特殊规律，必须得到尊重，特别是其“人性化”的特性应该得到尊重。在尊重规律的前提下，才能谈到建设核心价值，才能谈到导向。网络文化建设从来就不光是政府的事情，更是需要全体网民参与的事情。“天仙妹妹”的现象，正是全民参与的结果，说明了一种社会共识，这就是对网络文化建设规律的尊重与探索，很有意义。这样的网络红人多了，人性就会产生一种自律，就知道怎样建设网络文化，也就形成了网络文化建设的规律。

——木弓

从天仙妹妹到尔玛依娜的路

必须承认，作为一个70后出生的人，我和网络的亲密程度，不仅要被80后、90后的“拇指”小弟妹们所取笑，也大幅度地落后于我的一些同龄人。因此，一个网络明星的故事，最终还是通过最为传统的纸媒，才抵达了我的视域——在《天仙妹妹》这本漂亮的图文书中，一个网名为“天仙妹妹”的羌族女孩儿，以她清新脱俗的容貌和气质，让我在2008年的料峭春寒里，一次次地感叹着命运的诡谲，惊艳着山谷里野百合也有春天。而其实，这个天上来的“妹妹”，早已在两年多前就成了网络世界里的耀眼明星，拥有了众多的“纳米”粉丝，创造出仿佛灰姑娘和水晶鞋一样的美丽童话。当然，在互联网如此发达的今天，我超级滞后的“惊艳”，也不能不说是个耐人寻味的个案。

我又重新回到网络——“天仙妹妹”的诞生地，去找寻她的踪迹。在新浪博客里，“妹妹”娓娓诉说着她的生活，她的演出和行程，她即将接手的新角色，还有她迷上了炭火屋的青花鱼，她渴望着回到家乡过羌历的新年……与博客左上角那帧身着羌族服饰、眼神略带忧郁的黑白小照形成鲜明对比的，是正文里那些色彩艳丽的图片，长发、红唇、时尚动感的着装，宛如城市大街上任意走来的一个女孩儿。如果不是预先知道，我很难把她和那古老神秘的羌族背景联系起来。

英雄莫问出处。但较之于那个获得了极高点击率的网名——“天仙妹妹”，这个来自青藏高原的女孩儿似乎更喜欢她的本名：尔玛依娜。在新浪注册的“天仙妹妹（尔玛依娜）的BLOG”里，本名以一种旁注的方式，悄然诠释着一个人的前世今生。

在羌语里，“尔玛依娜”的意思是“跳舞的羌族姑娘”。从小就喜欢跳舞的尔玛依娜曾经渴望成为一名演员，但人生的舞台常常变幻莫测，在经历了艺术团打工和家庭的变故之后，和旅行者“老

浪”的偶然遭遇，无疑是她命运之路上的一个重要的拐点。如今已成为著名网络推手的老浪，将他和妹妹的相遇描述为一次“让人窒息”的惊艳：“恍惚觉得自己看见的是一个神女，那种天然去雕饰的美，让人窒息”，“无论远看近看，羌妹子举手投足都有一种美感，与所处的环境对比，给人一种严重而强烈的不真实感。”于是，老浪禁不住感叹道：“在平静而又富足的生活里，我真的需要一个角色来震撼自己”。

你是山野吹来的风呵，清新又爽朗。一个遥远村寨里的少女，就这样不期然间打乱了一个羁旅行役者的脚步，进而又装饰了更多人的梦。纷乱而单调的现代生活让我们的心魂日趋麻木，想象和激情也在克隆过的日月中渐趋委顿，像老浪一样，凡俗的我们同样需要一个角色来震撼自己，同样需要一次美丽的窒息，一阵清新的野风，一种不真实感抑或是一个古老而悠久的梦境。

但在老浪的描述中，尔玛依娜却

恰如一个流落凡间的谪仙人，等待着上帝之手的救赎："两次离开时，都感到她依依不舍，不是依依不舍我这个大叔，而是我一走，就像梦也走了，与外面现代文明就中止了联系一样……"于是，凭借着一个都市现代人对农耕世界的想象和一个男人对女性天然的保护感，老浪悲壮地踏上了拯救羌妹子的骑士之旅："我要坚持追拍，坚持公开曝光，以最现代化的互联网铁蹄来踩踏大山农耕生活，看看她的命运是否为之而改变。"

于是，天仙妹妹诞生了。和木子美、芙蓉姐姐等网络红人所不同的是，天仙妹妹的网络之路，是在被动与懵懂中开启的。似乎没有人愿意去追问尔玛依娜内心的意愿。在城市与乡村的 PK 中，城市以绝对的优势主导着一个女孩儿的命运抉择。一个因古老村寨和羌族独特的历史文化而蜚声网坛的原生态美女，终于又背起行囊，向着老浪们曾一次次逃离的城市进发。

而"天仙"，也迅速地还原为一个"凡人"。"天仙妹妹也是凡人啊，她并不是不食人间烟火的仙女，她也是普通人，需要成家立业，需要挣钱来过日子，因此她也需要商业上的成功。” 在接受媒体的采访时，老浪坦然说道。这恐怕是虚拟世界所必然要遭遇的现实挑战，在网络中制造的妹妹，还必须要接受现实生存法则的检验。

一旦成为偶像，就要按照大众的期望去塑造自己，甚至要与本真的生命疏远。偶像是荣耀，也是压力，还是一种无形的责任与束缚。如果在网络上搜索“天仙妹妹”，你不难感受到另一种忧虑的声音：担心脱掉蓝布衣的羌妹子变成都市里的娱乐宝贝，担心清纯的“天仙”本色被金钱和利益所置换。于是，“纳米”们一面庆幸着这个“比天仙还美”的妹妹终于被发现、被认可；一面又忧心忡忡，恐慌着那个纤尘不染的梦境不堪现实的污浊和残酷，在滚滚红尘中又一次失落。

在天仙妹妹身上，映照出我们现代人内心的矛盾和犹疑。

是的，恰如狄更斯所言，这是一个最好的时代，这是一个最坏的时代。网络成就了尔玛依娜，但也命定地索要高额的报酬和代价。在这个泥沙俱下、鱼龙混杂的自由地带，生长着无限的可能和希望，但也会在非理性的冲动、集体无意识的宣泄中陷入“恶性的互动”，滋长出我们心底的黑暗。置身于这个新媒体的时代，无论是制造者，参与者，还是旁观者，我们都需要足够的理性和智慧，做出判断和取舍。

难能可贵的是，对于未来，尔玛依娜有着较为清醒的认识："大家喜欢的，应该并不是我本人，而是羌族的历史文化。对我来说，我还要以学习为主。"从尔玛依娜到天仙妹妹，从世外桃源般的雪域高原，到喧嚣躁动的繁华都市——有谁知道，在这番脱胎换骨的改变和历练中，一个女孩子内心的路途？又有谁知道，时空的迁移曾给这个女孩子带来了怎样的冲撞与震荡，触发了怎样的隔膜、不安与困惑？

也许，当我们在"超女"、"快男"等一轮又一轮的造星运动中惊呼大众文化的崛起，草根阶层的壮大，或者在无厘头的恶搞以及惊天动地的自我暴露、自我制造中喟叹道德沦丧，价值失范时，也许我们必须回过头去，重新拷问我们生活的内部，那些不为人知的欲望、挣扎、失落和扭曲……

我又想起了博客上的尔玛依娜，邻家女孩儿一样的清丽、乖巧，还有尘埃落定后的一份满足与安然，那姣好红润的面庞上，有阳光的影子流淌。

愿青春与阳光同在——女孩子尔玛依娜这样写道。

天上来的妹妹，能否在真实的凡间，走出一条属于自己的路呢？

从天仙妹妹到尔玛依娜——这一段旅程到底又有多远？

我祝福，并期待着……

——杜霞

2006 年夏天仙妹妹应邀前往著名风景区河北·月坨岛演出时留影。

天仙妹妹的出现，使我感觉到一种清新的气息，一种怀旧的思绪。许多像羌妹一样年纪的女孩，已经很少有天仙妹妹这样的淳朴、善解人意和勤劳自强的中国女性的传统美德了，她们只懂得新潮、追星和向父母伸手要钱，追求自己的享受……所以我对天仙妹妹才感觉到惊奇和赞叹，随之而来的是关注。既关注羌妹的前途，也衷心希望我们的下一代能够多一些天仙妹妹这样的美德。

——高占祥

天仙妹妹和浪兄在东方卫视《今天的中国》栏目中接受采访

网络红人可以分成三代：一、文字时代的网络红人；二、图文时代的网络红人；三、宽频时代的网络红人。当互联网进入高速的图文时代，网络女性占尽便宜，芙蓉姐姐、天仙妹妹、二月丫头接踵而来。但图文时代毕竟就要过去，天仙妹妹要继续成为网络红人，就要不断改变自己，以追上快速变化的信息和技术革命。因为下一拨网络走红的行情，肯定蕴涵在宽频时代之中。

在很多普通人也能成为网络明星时，能否继续保持民间化、大众化趋向，让人们喜闻乐见，是非常值得重视的问题。

——黄书元

天仙妹妹在凤凰卫视《戈辉访谈》栏目中担任嘉宾

我觉得天仙妹妹的将来，可能有上、中、下三策。

下策是做广告，模特，代言人。仗着青春靓丽，短时间内可以靠这种方法赚到钱，但以后就难说了。中策，是上学和做羌族土特产。天仙妹妹的心愿是上学，她可以一边代言一边上学。上策就是要把市场做大，以“尔玛依娜”或“天仙妹妹”做商标，建立购物网站，专做和尔玛依娜及羌族有关的服饰、旅游纪念品等，把“尔玛依娜”打造成“阿诗玛”那样的品牌。

——朱大渭

我喜欢尔玛依娜的主要原因，是因为她虽然成了红人，但却并没忘乎所以，她没有忘记自己是谁，她至今仍然穿着朴素，孝敬父母，赚钱后做的第一件事情就是建立了尔玛依娜春蕾基金。她不关心什么“芙蓉姐姐”，甚至对自己在网络上的帖子也很少关注，却一心想凭借自己在网络上的小小力量，为本民族做事，为羌寨的孩子们奔走……我希望这个单纯善良的女孩一路走好。

——牛克诚

关于羌族的小资料

羌族虽然是一个古老的民族，但很多人对她并不了解。在写作本书的过程中，我陆陆续续找了些羌族的资料，也因为尔玛依娜是羌族女孩，使得我对这个民族更有兴趣了。现在书已经接近尾声了，我却不想把关于羌族的资料扔掉，于是记录一些在这里，感兴趣的朋友不妨也看下，让我们更多地知道这个历史悠久的民族，更好地记住这位可爱的羌族姑娘。

羌 族

羌族，中国少数民族之一。现有人口约 30 万人；主要聚居区是四川省阿坝藏族羌族自治州的茂县，其余散居在该州的汶川、理、黑水、松潘等县及甘孜藏族自治州的丹巴县、绵阳市的北川等县，贵州省的石阡县和江口县。

羌族是一个古老的民族，早在三千多年前，殷代甲骨文中就有关于羌人的记载。炎帝神农氏是传说中我国农业的始祖，姜姓，乃羌人中最早转向农业生产的一支。古羌族人是大西北的最早开发者之一，是夏朝的主要组成部分，羌方是商

朝的方国，主要居住在甘青一带。隋唐时进入藏北和川北。宋代党项羌建西夏国，元代不少将领出身于勇武善战的羌族。鸦片战争中曾有羌族土屯兵赴广东、浙江抗敌。辛亥革命及红军长征得到羌族人民的大力支持。解放战争中羌族地区有反抗国民党反动派的武装斗争。

羌族主要生活在青藏高原东部边缘。这里山高谷深，林茂水急，物华天宝，资源丰富，盛产名贵药材，又是国宝大熊猫和珍稀的金丝猴生息之地。羌族以农业为主，以畜牧业为辅，以狩猎和多种副业为基本生活状态。

羌 屋

羌族人居住的建筑以碉楼、石砌房最为著名。羌屋内一般有二至三层，上层或中层作为住房，下层为牛圈、羊舍或堆放农具杂物，现在也有好多人把客厅设在一层。每间房屋房顶四角或一角常常垒有一小塔，供奉一块白色石头，为羌人供奉的白石神；羌寨楼层的用途很能体现羌人“地在魔上、畜在地上、人在畜上、神在人上”的传统习俗。

羌族的雕楼在羌语称为“邛笼”。早在2000年前《后汉书·西南夷传》就有：冉駹人“依山居止，累石为室，高者至十余丈”的记载。碉楼高度一般在10至30米之间，用以御敌和贮存粮食柴草。碉楼有四角、六角、八角几种形式。建筑材料是石片和黄泥土。墙基一般深1.35米，以石片砌成。石墙内侧与地面垂直，外侧由下而向上稍倾斜。修建时不绘图、吊线、柱架支撑，全凭高超的技艺与经验。建筑稳固牢靠，经久不衰。1988年曾在四川省北川县羌族乡永安村发现的一处明代古城堡遗址“永平堡”，历经数百年仍保存完好。惜在2008年汶川大地震中损毁。

马尔康县卓克基冬景

羌族服饰

羌族古代服饰中以“披毡”最具特色，毡的制作工艺远比制作纺织毛布简单，其年代有3000多年了。文献记载，两汉甘青羌族人“女披大华毡为盛饰”，唐宋时期，羌族披毡已经很普及。《新唐书 · 党项传》称“男女衾褐，被毡”。近代，羌族基本沿袭了袍服之制。

因而到现在，羌族的传统服饰仍为男女穿麻布长衫、羊皮坎肩，包头帕，束腰带，裹绑腿。

羌族男子的服装一般是蓝布长衫，外套羊皮褂子，包青色头帕。男子长衫过膝，梳辫包帕，腰带和绑腿多用麻布或羊毛织成，一般穿草鞋、布鞋或牛皮靴。青年男子一般都喜欢在腰带上佩挂镶嵌着珊瑚的火镰和刀。

羌族妇女的服饰比较鲜艳，她们多穿蓝色或绿色的花边长衫，腰系绣花围裙和飘带，戴黑色头帕。女子衫长及踝，领镶梅花形银饰，襟边、袖口、领边等处绣有花边，腰束绣花围裙与飘带，腰带上也绣着花纹图案。未婚少女梳辫盘头，包绣花头帕。已婚妇女梳髻，再包绣花头帕。脚穿云云鞋。喜欢佩戴银簪、耳环、耳坠、领花、银牌、手镯、戒指等饰物。

羌 绣

羌族人衣服上漂亮的图案，大多为手工刺绣，在羌族地区源远流长。一般来说，羌族刺绣是农村妇女在劳动间隙完成的民间工艺品，即使在今天，羌族人大多还保持着穿着传统的民族服装的习俗。

羌绣有着本民族独特的审美造型、纹饰图案及色彩规范，蕴含着深厚的羌族历史文化内涵。早在明清之时，羌绣就已普遍盛行，后逐渐吸收挑花技艺并发展成挑花刺绣。挑花刺绣素为羌族妇女所擅长，几乎每个羌族妇女都精于挑绣。所谓“一学剪，二学裁，三学挑花绣布鞋”，就是指她们从小受到严格的训练。挑绣成了衡量一个羌族妇女聪明才智的重要标准。尤其是出嫁的前夕，羌族女孩都要挑绣。她们将自己的聪明才智、纯朴天性以及艺术才能都凝聚在挑绣的艺术天地之中。

羌绣中最有代表性的作品是云云鞋和绣花围腰。“云云鞋”鞋型貌似小船，鞋尖微翘，鞋底较厚，鞋帮上绣有彩色云纹和杜鹃花纹纹样图案，故有“云鞋”、“花鞋”或“勾尖布鞋”之称，羌民在喜庆的日子里都喜欢穿它。羌绣“云云鞋”工艺借助那密密麻麻的针脚，将棉线织绣于鞋身易磨损部位，增强了耐磨性能，使鞋身不但具有实用价值，还具有相当高的艺术观赏价值。其他绣品还有藏式统包、挎包、帽子、氆氇、毡子、褥子、壁挂等，也都精美绝伦。

刺绣本身是在织物上用针穿引各色彩线所绣成的图案花纹，是我国传统性美术工艺，而羌绣则有着古朴、鲜艳、精致的特点，在民族绣艺中别具一格。在汶川大地震之后，四川有关部门组织了羌族妇女发展羌绣艺术，不仅将羌绣发扬光大，而且让她们能够用自己的双手开展自救，重建家园。

羌 歌

悠久的历史与长期闭塞的生活环境，使羌族的精神文化中保留了不少淳朴厚重的古代遗风。我国古代最早产生的两种文学形式是古代诗歌与古代神话。这两种文学形式至今在羌族民间仍有巨大影响，而且传承着不少优秀作品。羌族的男女老幼大都会唱民歌，歌词多为 4 或 7 个音节一句，类似于汉文中的四言诗与七言诗。从内容来说，有苦歌、山歌、情歌、酒歌、喜庆歌和丧歌等。羌族神话著名的有《开天辟地》《山沟和平坝的形成》《造人类》《斗安珠和木姐珠》等，其中所说的姐弟成婚、射落 8 个太阳的故事，曲折地反映了原始社会羌族的生活。

羌 节

羌族的主要节日有“羌历年”、“六月节”、“祭山会”、“五月初五”等，每逢节日，都要乡里聚会，亲友团圆，歌舞欢庆，饮酒叙情。羌族的男女老少都会在场院中歌舞，酒坛摆在场地边，若在碉房里聚会，酒坛放在桌下或墙边。谁在集体舞蹈中跳累了，想喝点酒歇息一下，谁就可以到酒坛旁吸饮聊天观看节目。因为从小喝酒，也因为羌族这种独特的文化习俗，故羌人能饮也天下闻名。

天仙妹妹应四川卧龙大熊猫自然保护区之邀，担任亲善大使。

羌 舞

羌族民间舞蹈主要有“跳沙朗”（羌族锅庄舞）、“跳盔甲”（又名“铠甲舞”）、“跳皮鼓”、“兰干寿”等。“跳盔甲”是种古老的传统祭祀风俗舞，过去多在有战功的将士葬礼上跳。数十个舞者身披生牛皮铠甲，头戴插有野鸡翎和麦秆的皮盔，肩挂铜铃，手执兵器（多为长刀），分列对阵而舞，吼声震天，威武雄壮，把勇武不屈、豪放豁达的民族性格表现得淋漓尽致，使粗犷淳朴的古代民风跃然再现。

羌 笛

羌族乐器中最著名的首数羌笛。东汉许慎在《说文解字》中说：“羌笛三孔。”马融《长笛赋》言：“近世双笛从羌起。”唐代《乐府杂录》载：“笛，羌乐也。”宋代陈旸《乐书》记有：“羌笛五孔。”可见其历史久远。当然，羌笛能够声名远播，久享盛誉，与唐初著名诗人王之涣的千古绝唱《凉州词》不无关系。“黄河远上白云间，一片孤城万仞山。羌笛何须怨杨柳，春风不度玉门关。”这首诗在过去是发蒙的幼童都能背诵的。今天的诗人若能有更多的写少数民族文化的佳作传唱，定会为各兄弟民族的文化传播与交流起积极作用。流传于四川羌族地区的羌笛，管身竹制或骨制。竹是岷江上游的油竹，削成方形；骨是羊或鸟的腿骨。今羌笛管长17厘米，直径1厘米，单簧，双管，竖吹，六声阶，多独奏。音色明亮柔和，哀怨婉转，悠扬抒情，牧人常于山间吹奏自娱。古羌笛既是乐器，又被羌人用来做牧羊鞭的鞭竿，因有“吹鞭”之说。

Wolong Honor Wall
榮譽榜

这本书的写作过程，其实可以用拖沓和冗长来形容。

本来，在天仙妹妹刚刚走红的 2006 年，经朋友介绍认识了老浪。当时对这个女孩的出现、特别是对网络红人的兴起有些兴趣，就打算写这样一本书，并打算至迟在 2007 年出版。没想到后来竟遭遇了许多变数。先是老浪退隐，后来尔玛依娜换了两个东家，以至于找她都有些不方便，采访也断断续续。一度曾想，要不然算了？但做了一半的东西扔掉，还是觉得有点可惜。于是拖拖拉拉地有空就写点儿。然而，真正让我下决心把这书做下去的，竟是“5·12”汶川大地震。

地震时我正在报社上班，当获知震中在四川汶川，我赶紧给在那里的朋友打电话。当然当时电话是不通的。过了一两天，我们忙着做地震报道。我在和有关方面联系时得知，这次羌族损失很大，尤其是北川，是阿坝州唯一的藏族羌族自治县，也是羌族聚居的地方，大部分羌族的历史文化都保留在这里。而地震对那里的一切造成了巨大破坏。甚至在地震当时，据说北川正在召开一个有关羌族文化的研讨会，而参加研讨会的专家学者都不幸罹难。要知道，羌族总共才 30 万人口左右，这次北川地震遇难者就有 3 万多人，其中还包括 40 多位羌族文化传承人和学者，以及有关羌族的大部分研究史料，损失极其惨重。本来研究羌文化的学者就非常少，因而这种损失几乎是无法估量的。这让我的心情十分沉重。或许是写作这本书和经常接触尔玛依娜的缘故，我对羌族的历史文化有了一点了解，也有了感情。这次地震，对羌族文化的打击，以及一个具有上千年历史的羌族古代聚居地瞬间毁灭的现实，让我不安。我忽然想到，大地震对羌族文化造成的损失，是不是也可以通过这本书弥补一些？我毕竟记述了尔玛依娜的家乡，而她的桃坪寨已经面目全非，她家也在地震中毁了。尤其看到尔玛依娜是那样热爱自己民族的文化，只要可能，就为羌文化奔走呼号，让我很受感染。难道我不应该做点什么？可能效果不大，所谓弥补也很少很少，但总可以尽点绵薄之力。

于是我打开做了一半的书稿，竟有了新发现。因为我原来在做书的时候，需要很多图片，阿坝州的朋友就送给我不少，让我挑一些漂亮的用。结果我发现，这些图片都是震前的美景，现在看来太有纪念意义了。于是我下决心把这书“捡起来”，并特地在最后加了一些羌族小资料。这一点，尔玛依娜很赞同，似乎比写出了她自己的那些事情还高兴。在大地震后，一些专家学者也专门呼吁，在震后加紧抢救发掘羌族文化刻不容缓。值得一提的是，震后不久国家就启动了羌族重灾区文化保护工作。相信在党和政府的关怀下，有着几千年历史的羌族文化定会绝地重生。

于是我又把这本书继续下去了。

于是我仍保留着羌文化的内容。

本书原想通过尔玛依娜的走红，反映网络文化现象和与之相关的一些问题，我为此还采访了几位人士，他们对这个问题谈得相当好，个个锦心绣口，颇具见识，拿掉自然是舍不得的，就还照样放在这里。只不过现在的重心向羌族文化偏移了一些，但愿读者觉得并不为过。

2009 年春于北京道家园

责任编辑：陈鹏鸣
特约编辑：陈丽芳
策　　划：万丹柯
创意设计：艺林
主要摄影：侯新天、老浪、刘光伦等

图书在版编目（CIP）数据

天仙妹妹／艺林著. —北京：东方出版社，2009
ISBN 978-7-5060-3502-6

Ⅰ. 天… Ⅱ. 艺… Ⅲ. 尔玛依娜—生平事迹 Ⅳ. K825.78

中国版本图书馆CIP数据核字（2009）第062569号

天仙妹妹
TIANXIAN MEIMEI
艺林　著
東方出版社 出版发行
（100706 北京朝阳门内大街166号）
http://www.peoplepress.net
香河华林印务有限公司印刷　新华书店经销
2009年5月第1版　2009年5月第1次印刷
开本：787毫米×1092毫米　1/16　印张：15
ISBN 978-7-5060-3502-6　字数：167千字　定价：46.00元
邮购地址：100706　北京朝阳门内大街166号
人民东方图书销售中心　电话：（010）65250042　65289539